Hugo's

ADVANCED
FRENCH
COURSE

Hugo's

ADVANCED

FRENCH
COURSE

Jacqueline Lecanuet & Ronald Overy

Hugo's Language Books

www.dk.com

A DORLING KINDERSLEY BOOK

This new edition published in Great Britain in 1998 by
Hugo's Language Books, an imprint of Dorling Kindersley Limited,
9 Henrietta Street, London WC2E 8PS

www.dk.com

A CIP catalogue record is available from the British Library.

ISBN 0 85285 377 7

Advanced French Course is also available in
a pack with four cassettes, ISBN 0 85285 378 5

Written by

Jacqueline Lecanuet L. ès L., PG Dip. Ling.
Senior Lecturer in French at
The School of International Business and Languages,
South Bank University, London

and

Ronald Overy F.I.L.
Formerly Senior Lecturer at
The Language Centre, South Bank Polytechnic, London

Edited by
Jennifer Yoboué

Set in 10/12pt Plantin by
Keyset Composition, Colchester, Essex
Printed and bound by LegoPrint, Italy

Preface

You have no doubt successfully completed Hugo's *French In Three Months*, or another self-study beginners' course – or maybe you just want to brush up on your rusty knowledge of French. Whatever your reasons for wanting to take your French further, in this course you will find everything you need to become an accomplished speaker and writer of the French language. It is not necessary to have studied Hugo's *French In Three Months*, although we do sometimes refer to it in the grammar explanations in this book, in case you need to revise some elementary grammar. Where such revision is essential, we will provide it in the *Advanced French Course*.

The aim of the course

The *Advanced French Course* has been designed for those who already have a sound, basic knowledge of the language and who wish now to continue their studies with a view to becoming more proficient, more fluent and more confident in both the spoken and written language. When you have completed the course, your French will not only be very correct grammatically, but it will have an authentic French 'ring' about it. You will be able to use idiomatic expressions, colloquialisms, proverbs and turns of phrase that are usually acquired only after several years' residence in a French-speaking country. You will have no difficulty in distinguishing between formal and informal language. You will also be familiar with French customs, traditions and even regional characteristics, and you will be able to discuss in French important issues such as education, the world of work, the EU, the consumer society, politics, etc.

In addition to being ideal for self-tuition, the course will be helpful in bridging the gap between GCSE and GCE 'A' level. It will also be very useful for students preparing for professional examinations such as the Institute of Linguists, the Royal Society of Arts and the London Chamber of Commerce at intermediate/advanced levels. The course will be invaluable for those open-access language centres which require material for their 'self-managed language studies'.

Method

Each lesson of the course normally consists of:

a) an introduction in French (with notes in English) to the topic being studied.
b) an authentic text taken from a French newspaper or magazine dealing with a subject of general interest, followed by detailed translation notes/vocabulary.
c) explanatory notes which begin by rapidly revising those basic grammatical points that you should know but which may have been forgotten, and then go on to discuss, with additional examples, the new structures appearing in the text.
d) varied, lively and contextualized 'practice' sections.
e) a key containing the answers to all the exercises.

There are also two Self-Assessment Tests, the first after lesson 5 and the second at the end of the course. These tests will enable you to measure your progress and to see whether any revision is necessary.

Cassettes

We strongly recommend that you obtain the four audio cassettes that accompany the course, as these will make the lessons so much more interesting and entertaining and will, of course, accustom your ear to French as pronounced by native speakers. They will also ensure that your own accent is an near-perfect as possible.

We think you'll enjoy the *Advanced French Course*, and we would like to wish you good luck with your studies.

ACKNOWLEDGEMENTS

Thanks are due to those organizations which have kindly allowed us to use their copyright material, namely: *Le Monde, Paris; Ouest-France, Rennes; Actuapress, La Louvière, Belgium; le Nouvel Observateur, Paris; le Nouvel Economiste, Paris; l'Office du Tourisme, Caen.*

Finally, I must thank my mother, Hélène Lecanuet, for all her help, advice and constant encouragement.

Contents

Lesson 1
Les loisirs
Leisure activities

Introduction

Before beginning Lesson 1 over the page, read this general introduction about leisure activities in France. At this stage, you need only understand the gist of the text.

Comment les Français passent-ils leur temps libre?

Aujourd'hui, les Français accordent de plus en plus ('more and more') d'importance à la qualité de la vie et, donc ('therefore'), aux loisirs qui sont nécessaires pour pouvoir faire face ('to be able to cope') au stress de la vie professionnelle.

Les formes de loisirs se répartissent ('are divided up') encore différemment selon ('according to') les classes sociales, bien que ('although') l'on connaisse à l'heure actuelle ('at the present time') une sérieuse démocratisation du tennis et du ski. Le golf est devenu ('has become') le sport des élites.

Quelles formes de loisirs attirent (attract) **les Français?**
1 La télévision, avec son 'frère siamois' ('Siamese brother') le magnétoscope ('video recorder'), occupe les soirées en famille dans bien des foyers ('many homes'). Les émissions ('programmes') les plus en faveur restent les films, les informations ('news'), les débats et les reportages sportifs en direct ('live'). Les chaînes ('channels') de télévision augmentent ('are increasing') et permettent de faire du zapping à volonté ('to switch channels constantly at will').
2 Le cinéma souffre de la concurrence ('competition') de la télévision, bien que les cinéphiles ('movie enthusiasts') soient ('are') toujours attirés ('attracted') par le dernier ('latest') film qui passe ('is being shown') sur les grands boulevards parisiens.

3 On dit aussi que la lecture ('reading') est en régression, mais les librairies ('bookshops') offrent toujours un choix ('choice') extrêmement varié de livres, de romans ('novels') et de bandes dessinées ('comic strips').

La culture occupe une place importante dans les loisirs: visites de musées, expositions ('exhibitions') et festivals sont des buts de sorties ('outings') fréquents.

4 Les Français s'intéressent aux sports d'équipe ('team sports') tradionnels (football, tennis, courses cyclistes ('cycle racing')), mais certains sports individuels se sont récemment développés en vue de ('with a view to') retrouver sa ligne ('regaining one's figure') ou de maintenir une bonne forme physique (jogging, aérobic, body-building) ou, pour les amateurs du challenge, ('those who like a challenge') il existe la planche à voile ('windsurfing'), le surf ou le deltaplane ('hang gliding'), etc.

5 Finalement, le bricolage ('D.I.Y.') et le jardinage ('gardening') occupent une partie du temps de loisirs, mais c'est peut-être davantage ('more') *un must* plutôt qu'un ('rather than a') *hobby*.

And now, with the help of the translation notes, study the text of Lesson 1 which describes a hobby that has been very popular in France for the past two years, although like all crazes, it's now beginning to lose some of its attraction.

La pin'smania en France

1 Depuis deux ans environ les Français de tous âges et de tous milieux se passionnent pour une nouvelle décoration qu'ils arborent fièrement sur le revers de leur veston, sur leur robe ou sur leur manteau. Cette décoration porte le nom étrange, ou même étranger, de 'pin's'.

Mais d'où nous vient donc cette épidémie?

2 Eh bien, c'est un virus qui nous vient des Etats-Unis, comme son nom l'indique, puisque 'a pin' en anglais signifie 'une épingle'. Bien sûr, les puristes de la langue française se sont empressés de créer le mot 'épinglette' pour lutter contre le franglais. Personnellement, j'ai bien peur que le terme 'épinglette' ne tombe rapidement dans les oubliettes et je crois que les pin's continueront à se propager sous leur appellation d'origine.

3 Que représentent ces fameux pin's? Quel rôle jouent-ils auprès des consommateurs et du public?

Ces pin's représentent, généralement, un produit, un événement important, un personnage célèbre, un restaurant, un journal, un magazine, etc. J'ai moi-même récemment assisté à un incident chez un libraire en France où une cliente a catégoriquement refusé d'acheter son magazine habituel, car le pin's manquait: "Non, non et non," a-t-elle déclaré, "je préfère prendre un autre magazine avec son pin's."

4 Les entreprises distribuent gratuitement leurs pin's, représentant leur logo, avec les marchandises qu'elles vendent.

Généralement, les pin's s'achètent et leur valeur peut varier considérablement et peut atteindre des prix astronomiques. Par exemple, le petit chamois, symbole des jeux Olympiques d'Albertville, s'est vendu 2.600F la pièce. Il y a même des 'épinglophiles' qui essaient de se procurer leur trésor en assistant à des ventes aux enchères.

5 Un des avantages de cette obsession, c'est la création d'emplois pour faire face à la demande croissante des sociétés.

Cette folie sera sans doute un jour remplacée par une autre passion et ces collections d'épinglettes se retrouveront peut-être dans les musées ou tout simplement au fond d'un tiroir.

Translation Notes/New Words

1 **la pin'smania** pinmania; **depuis deux ans environ** for about two years (*lit* since . . .); **le milieu** social background; **se passionner pour** to be excited about; **arborer** to wear, display; **fièrement** proudly; **le revers** lapel; **le veston** jacket; **la robe** dress; **le manteau** (over)coat; **porter** to wear, *here:* to bear; **le nom** name; **étrange** strange; **ou même** or even; **étranger, -ère** (*f*) foreign; **vient** comes, **venir** to come (*irreg verb*); **donc** word used for emphasis; **l'épidémie** (*f*) epidemic.

2 **eh bien** well; **les Etats-Unis** United States; **comme** as; **indiquer** to indicate; **puisque** since, as; **signifier** to mean; **l'épingle** (*f*) pin; **bien sûr** of course; **la langue française** the French language; **s'empresser de** to hasten to; **créer** to create; **le mot** word; **lutter** to fight.

contre against; **personnellement** personally; **j'ai bien peur** I'm very much afraid; **tomber dans les oubliettes** to fall into oblivion; **je crois** I think, **croire** to think (*irreg verb*); **les pin's continueront** the pins will continue, **continuer à** to continue to; **se propager** to spread; **l'appellation** (*f*) name.

3 **représenter** to represent; **fameux** much talked about; **quel rôle** what role; **jouer** to play; **auprès de** close to, *here*: among; **le consommateur, -trice** (*f*) consumer; **le produit** product; **l'événement** (*m*) event; **célèbre** famous; **le journal** (*pl* **journaux**) newspaper; **moi-même** myself; **récemment** recently; **assister à** to be present at; **chez le libraire** at the bookseller's; **refuser de** to refuse to; **acheter** to buy; **habituel, -elle** (*f*) usual; **car** because; **manquait** (*imperf tense*) was missing; **préférer** to prefer; **prendre** (*irreg verb*) to take.

4 **l'entreprise** (*f*) firm; **distribuer** to distribute; **gratuitement** free of charge; **les marchandises** (*f*) goods; **vendre** to sell; **s'acheter** to be bought; **peut** can, **pouvoir** (*irreg verb*) to be able; **varier** to vary; **atteindre** (*irreg verb*) to reach; **le prix** price; **le chamois** chamois (goat-like animal); **les jeux Olympiques** Olympic Games; **se vendre** to be sold; **la pièce** apiece, each; **l'épinglophile** (*m/f*) pin enthusiast; **essayer** to try; **se procurer** to obtain; **le trésor** treasure; **en assistant à** by attending; **la vente aux enchères** auction.

5 **l'emploi** (*m*) job; **faire** (*irreg verb*) **face à** to cope with; **croissant** growing; **la société** company; **la folie** madness, *here*: craze; **sans doute** probably; **remplacer** to replace; **un(e) autre** another; **se retrouveront** (*fut*) will be found again; **le musée** museum; **au fond** at the bottom; **le tiroir** drawer.

Explanatory notes

1 *Depuis* (since, for)

Compare these two sentences for a moment:

Depuis deux ans les Français se passionnent pour les pin's.
For two years the French have been excited about pins.

Why present tense in French but past tense in English? The explanation is that the French normally use the present tense when an action, begun in the past, is still continuing in the present.

Here's another example:

Je collectionne les timbres depuis deux ans.
I've been collecting stamps for two years.

2 Adverbs (proudly, quickly, etc.)

You'll remember from your previous studies that it's possible to form thousands of French adverbs by adding **-ment** (English '-ly') to the feminine form of the adjective. In this lesson's text we saw:

masculine	feminine	adverb	meaning
personnel	**personnelle**	**personnellement**	personally
général	**générale**	**généralement**	generally
gratuit	**gratuite**	**gratuitement**	free of charge

Here are some more examples:

fou	**folle**	**follement**	madly
habituel	**habituelle**	**habituellement**	usually
fier	**fière**	**fièrement**	proudly

Don't forget, however, that an adjective ending in **-ant** or **-ent** changes the **-nt** to **-mment**:

suffisant	**suffisamment**	sufficiently
récent	**récemment**	recently

Sometimes a noun is used to express the same meaning:

à la folie	madly
d'habitude	usually
avec fierté	proudly
avec succès	successfully

Note, finally, that some adjectives don't have a **-ment** form and they form their adverbs in a different way:

intéressant interesting   **de façon intéressante** interestingly

3 Giving reasons

Here are three ways of expressing the idea of 'because':

a) ... puisque ce mot signifie en français 'une épingle'.
b) ... car il n'y avait pas de pin's.
c) ... parce que le mot vient des Etats-Unis.

In English the above could appear as:

a) ... since this word means 'une épingle' in French.
b) ... because there was no pin.
c) ... because the word comes from the United States.

You might like to make a note also of:

à cause de	because of, on account of
grâce à	thanks to

Examples:

à cause du mauvais temps	because of the bad weather
j'ai réussi grâce à vous	I succeeded thanks to you

4 Expressing an opinion

In our text an opinion was expressed which began:
Personnellement ...
But there are many other ways of saying what you think. For example:

à mon avis ...	in my opinion ...
selon moi ...	in my opinion ...
pour ma part ...	as far as I'm concerned ...
en ce qui me concerne ...	as far as I'm concerned ...
je pense que ...	I think that ...
nous estimons que ...	we consider that ...
nous croyons que ...	we believe that ...

5 The suffix -*phile*

'*Epinglophile*' has obviously been coined following the pattern of:

bibliophile (*m/f*)	booklover, bibliophile
cinéphile (*m/f*)	movie enthusiast
francophile (*m/f*)	a person who is pro-French, francophile
anglophile (*m/f*)	a person who is pro-English, anglophile

6 Referring to the recent past

In the text we met *récemment* (recently). Other expressions with a similar meaning are:

dernièrement	lately
il y a quelques jours	a few days ago
il y a peu de temps	a short while ago

Example:
J'ai acheté ce magazine il y a quelques jours.
I bought this magazine a few days ago.

7 Stating the obvious

Bien sûr of course.
Other ways of saying the same thing are:

naturellement	naturally
bien entendu	of course
évidemment	of course
il va sans dire que ...	it goes without saying that ...

Example:
Il va sans dire que cette mode nous vient des Etats-Unis.
It goes without saying that this fashion comes to us from the USA.

8 Expressing preference

The lady in the bookseller's said:

Je préfère prendre un autre magazine.
I prefer to take another magazine.

To say what you prefer you can either use the verb *préférer* or
aimer mieux (*lit* to like better):

Préféreriez-vous parler français?
Would you prefer to speak French?

Il aime mieux celui-ci.
He likes this one better.

Ils aimeraient mieux manger tout de suite.
They would prefer to eat right away.

Or you can use the expression *il est préférable*:

Il est préférable que vous soyez présent à la réunion aussi.
It's preferable that you be present at the meeting too. (*soyez* is the
subjunctive of *être*.)

9 Franglais

This lesson's text was all about the fact that France is being
invaded by an American 'virus' in the form of a pin or badge. But
for many years now a different kind of virus has been attacking
France, indeed you could call it an epidemic, namely the
introduction of more and more English/American words and

expressions into the French language. Many French people are appalled by this situation but, frankly, there is little that can be done to stem the flow of anglicisms that you can hear and read daily in France. Here are some examples, together with perfectly good French equivalents:

le fast-food	la restauration rapide
le job	le poste
le walkman	le baladeur
le manager	le gérant
le hobby	le passe-temps
le meeting (*pol*, *sport*)	la réunion
relaxe	détendu

But, sometimes, an English word is adopted by the French and then they change its meaning, for example *le footing* means 'fast walking' or 'jogging'. Sometimes, also, the English word is taken and then distorted:

'walkie-talkie' becomes *le talkie-walkie*
'fuel' becomes *fioul*

There is, however, one occasion when franglais is actually welcomed and this is when the French play Scrabble. The officially adopted English words give the players a golden opportunity to place their high-scoring letters, namely k and w.

Practice 1

Re-read or listen again to the main text of this lesson, and then say whether the following statements are true (vrai) or false (faux). Before you begin you must study the following:

New words:

le siècle century; **le mot d'emprunt** borrowed word; **la bibliothèque** library; **emprunter** to borrow; **traduire** (*irreg verb*) to translate; **bien connu** well known; **souvent** often.

Ready?

Vrai ou faux?

1 La pin'smania existe en France depuis des siècles.
2 Les pin's servent à décorer un monument.

3 La France a été contaminée par le virus américain.
4 Le mot anglais 'pin' se traduit généralement en français par 'épingle'.
5 A mon avis, ce mot d'emprunt sera rapidement remplacé par un mot français.
6 Les pin's sont souvent associés à des marchandises, à des personnages bien connus, aux médias.
7 A la bibliothèque, la jeune fille a catégoriquement refusé d'emprunter un livre, car il n'y avait pas de pin's.
8 Tous les pin's sont distribués gratuitement en France.
9 Le pin's, représentant le petit chamois, est le symbole des jeux Olympiques d'été.
10 Un des aspects positifs de cette folie est la création d'emplois supplémentaires qui est nécessaire pour satisfaire la demande.

Practice 2

Replace the words underlined with an adverb, paying attention to word order. But, first, study these words, as they will be used in Practices 2 and 3.

New words:

les vêtements (*m*) clothes; **le porte-clefs** key ring; **le cadeau** gift; **le SMIC** minimum wage; **la commande** order; **l'usine** (*f*) factory; **utiliser** to use; **travailler à la chaîne** to work on the production line; **durer** to last; **rendre malade** to make ill; **être amoureux de** to be in love with.

Example:
  Les Français arborent les pin's sur leurs vêtements *avec fierté*.
  Les Français arborent fièrement les pin's sur leurs vêtements.

1 En général, le mot 'épinglette' n'est pas utilisé dans la langue de tous les jours.
2 J'ai assisté à un incident récent entre un libraire et une cliente à cause d'une commande qui n'était pas arrivée.
3 Pierre? Elle l'aime à la folie. (*Reply using être amoureux*)
4 Il a décidé qu'il avait une collection suffisante de porte-clefs.
5 D'habitude, une telle passion ne dure jamais longtemps.
6 En ce qui me concerne, moi, cette manie de tout collectionner me laisse entièrement indifférent!

Practice 3

Answer the questions, incorporating the clues in brackets in your replies.

Example:

Les Français se passionnent pour la musique anglaise depuis longtemps? (two years)

Non, les Français se passionnent pour la musique anglaise depuis deux ans.

1 Ce virus qui vous rend malades, vous l'avez depuis longtemps? (one week)

2 Les entreprises distribuent des cadeaux gratuitement depuis longtemps? (one year)

3 Vous faites la collection de timbres depuis l'année dernière? (July)

4 Les ouvriers travaillent à la chaîne dans cette usine depuis de nombreuses années? (1st June, only)

5 Vous n'êtes plus au SMIC depuis longtemps? (last month)

Dictionary Practice

You will need your dictionary for this exercise. Imagine that you, too, have become a 'purist', as far as the French language is concerned. Rewrite this dialogue, replacing the underlined franglais with French equivalents. Mind you, you may not always find one!

Anne	Alors, tu l'as obtenu, ton <u>job</u> de <u>manager</u> au <u>drugstore</u> des Champs-Elysées?
Michel	Je ne sais pas. Personnellement, je n'y crois pas trop. L'entrevue était difficile. Je n'étais pas du tout <u>relaxe</u>. Bien entendu, le jury m'a bombardé de questions sur ma vie professionnelle, ma vie privée, mon expérience, etc. Pour dire la vérité, à part mon expérience de <u>disc-jockey</u>, à part mes nombreux <u>hobbys</u> comme <u>le jogging</u>, <u>le bowling</u> et <u>le jazz</u>, je n'ai pas grand-chose à offrir.
Anne	A ton avis, quel est le verdict?
Michel	Je pense que c'est cuit*, mais on ne sait jamais! On m'a fait passer <u>un test</u> de graphologie. Evidemment, ils

m'ont convaincu que c'était <u>un must</u> pour la décision finale qui sera prise lors de leur réunion demain.

Anne   Eh bien, dis donc, tu as soigné ton <u>look</u> pour une fois! <u>Un blazer en tweed</u> et un pantalon chic au lieu du vieux <u>jean</u> habituel!

Michel   Eh oui, il faut ce qu'il faut! Bon, je dois partir, je passe ce <u>week-end</u>-ci dans mon <u>cottage</u> à la campagne.

Anne   Tu es à pied?

Michel   Non, ma voiture est au <u>parking</u>.

Anne   Qu'est-ce que tu as comme voiture maintenant?

Michel   Une Jag. Je me suis débarrassé de ma Rover il y a quelque temps.

Anne   Bien, alors, bonne route. Au revoir.

*Familiar expression meaning 'There's no hope'.

La pin'smania

Lesson 2
Coutumes et traditions françaises
Customs and traditions (1)

Introduction

Before you begin Lesson 2, study briefly this list of important French dates and then read through the introduction that follows. At this stage, you need only understand the gist of the text.

CALENDRIER

1 janvier	Jour de l'An
6 janvier*	Epiphanie
14 février*	Saint-Valentin
Fête mobile*	Mardi gras ('Shrove Tuesday') (40 jours avant Pâques ('Easter'))
Fête mobile	Pâques
1 avril*	Poisson d'avril ('April fool's day')
1 mai	Fête du Travail
8 mai	Fête de la Victoire de 1945
Fête mobile	Ascension (40 jours après Pâques)
Mai*	Fête des Mères
Fête mobile	Pentecôte ('Whitsun') (10 jours après l'Ascension)
Juin*	Fête des Pères
14 juillet	Fête nationale
15 août	Assomption
1 novembre	Toussaint
11 novembre	Fête de la Victoire de 1918
25 décembre	Noël

*not bank holidays

Les onze jours fériés ('bank holidays') du calendrier français sont toujours les bienvenus ('welcome') pour les travailleurs et donnent parfois ('sometimes') la possibilité de faire le pont ('to take an extra day').

De nos jours, tous les Français bénéficient d'au moins cinq semaines de congés payés ('paid holidays') et quelquefois davantage. Ils continuent à prendre traditionnellement leurs vacances en juillet et en août. Ces départs massifs (1ᵉʳ juillet, 14 juillet, 1er août) créent sur les routes ('roads') de France des bouchons ('traffic jams') interminables, comme vous le savez peut-être. Il est donc préférable d'éviter ('to avoid') ces périodes dites 'rouges' ('so-called "red" periods').

Pour tenter ('to try') d'éviter ces embouteillages ('hold-ups') le gouvernement a introduit un système d'étalement ('staggering') des vacances. En effet, les dates des vacances scolaires varient d'une région à l'autre, mais le résultat n'est guère ('hardly') encourageant!

Les Français, où vont-ils? Ils restent pour la plupart dans l'Hexagone ('France'), vont au bord de la mer pour se reposer, se bronzer et faire du sport. En outre, les sports d'hiver, commencent à se démocratiser ('to be accessible to more people') et attirent de plus en plus d'amateurs ('enthusiasts') de ski.

Pendant les périodes encombrées ('congested') vous verrez aussi sur les routes de nombreux motards ('sécurité routière') ('police motorcyclists') – attention aux excès de vitesse ('exceeding the speed limit') et aux excès d'alcool! Ne vous étonnez pas ('Don't be astonished') si vous êtes arrêté ('stopped') par la police pour souffler dans un ballon ('to blow into a bag')! Ne vous sentez pas automatiquement coupable ('Don't feel automatically guilty'), il s'agit peut-être d'un ('it's probably a question of a') simple contrôle général – c'est l'alcootest ('breathalyser test').

And now you're ready to begin Lesson 2.

Traditions historiques et fêtes

1 A une époque où les frontières ont tendance à s'estomper en Europe, vous vous demandez, sans doute, si les traditions nationales ne vont pas, elles aussi, disparaître.

Dans le cas de la France, à mon avis, c'est peu probable. En effet, les Français restent fortement attachés à leurs traditions et à leur identité nationale. Mais quelles sont ces traditions? Comment peut-on les expliquer?

Les traditions françaises se réfèrent généralement à des événements historiques, à des fêtes civiles, à la vie religieuse et familiale ou à des particularités régionales.

2 **Commençons par les traditions historiques:**
Le 14 juillet: Vous vous êtes peut-être trouvé en France le jour du 14 juillet, fête nationale des Français. Cette date commémore la prise de la Bastille (ancienne prison d'Etat) en 1789 par le

peuple de Paris et marque la fin de l'Ancien Régime. Cette fête nationale donne lieu à des défilés militaires sur les Champs Elysées, à des réjouissances dans toutes les communes de France avec fêtes foraines, bals populaires, feux d'artifice et batailles de confettis. C'est le jour où le drapeau tricolore flotte au vent sur les édifices publics et où les Français écoutent religieusement la Marseillaise.

3 *Le 11 novembre:* Ce jour férié représente l'anniversaire de l'Armistice qui a mis fin à la première guerre mondiale. Les anciens combattants, de plus en plus rares de nos jours, vont se recueillir devant le monument aux morts avant d'assister à la réception organisée à la mairie.

Le 8 mai: Le 8 mai célèbre la victoire de la deuxième guerre mondiale en 1945. C'est un jour férié sans beaucoup de manifestations officielles.

4 **Parlons maintenant des fêtes civiles:**
Le 1ᵉʳ mai: Le 1ᵉʳ mai est par définition un jour chômé, puisqu'il représente la fête du travail, donc celle des travailleurs. Ce jour-là, vous pouvez aussi acheter des brins de muguet aux coins des rues pour offrir à vos amis en signe d'amitié.

5 **Et pour finir, les fêtes de fin d'année:**
Le 31 décembre: Le réveillon de la Saint-Sylvestre est une occasion d'enterrer l'année qui se termine et de célébrer celle qui va commencer, autour d'une bonne table et dans la bonne ambiance. Les jeunes, eux, préfèrent réveillonner avec leurs copains et copines dans les 'boîtes', plutôt que d'assister à l'interminable repas familial. Les moins jeunes (parents, grands-parents) réveillonnent chez eux ou dans les restaurants qui affichent des menus élaborés longtemps à l'avance.

6 Dans tous les foyers, au premier coup de minuit, les Français se lèvent de table avec difficulté, s'embrassent à tour de rôle, et trinquent en l'honneur de l'année qui vient de naître.

7 *Le jour de l'An:* Le 1ᵉʳ janvier, les enfants reçoivent leurs étrennes, les adultes prennent leurs bonnes résolutions. Ils vont présenter, comme d'habitude, leurs vœux de bonheur et de santé à tous les membres de leur famille qu'ils ne verront probablement qu'une fois dans l'année!

Puis le mois de janvier retombe dans le calme et ce sera le
moment de mettre de l'ordre dans sa correspondance et de
répondre à toutes les cartes de vœux avant le 31 janvier.

Translation Notes/New Words

1 **l'époque** (*f*) time, era; **avoir tendance à** to have a tendency to;
s'estomper to become blurred; **se demander** to wonder; **sans doute**
probably; **disparaître** (*irreg*) to disappear; **dans le cas de** in the case
of; **à mon avis** in my opinion; **peu probable** unlikely; **en effet**
indeed; **rester** to remain; **fortement** strongly; **comment peut-on
...?** how can one ...?; **se référer à** to refer to; **l'événement** (*m*)
event; **la fête** feast, holiday.

2 **se trouver** to find oneself; **peut-être** perhaps; **la prise** taking,
seizure; **ancien, -enne** (*f*) former; **l'État** the State; **le peuple**
people; **marquer la fin de** to mark the end of; **l'Ancien Régime** the
regime before 1789; **donner lieu à** to give rise to; *here:* to be the
occasion for; **le défilé** march-past; **les réjouissances** (*f*) festivities;
la commune commune (smallest division of local government); **la fête
foraine** funfair; **le bal populaire** local dance; **les feux** (*m*) **d'artifice**
fireworks; **la bataille** battle; **le drapeau tricolore** the Tricolour, the
French flag; **flotter au vent** to flutter in the wind; **l'édifice** (*m*)
building; **écouter** to listen (to); **la Marseillaise** the French national
anthem.

3 **le jour férié** public holiday; **mettre** (*irreg*) **fin à** to put an end to; **la
première guerre mondiale** the First World War; **les anciens
combattants** ex-servicemen, *US:* veterans; **de plus en plus** more and
more; **de nos jours** nowadays; **se recueillir** to collect one's thoughts;
le monument aux morts war memorial; **avant d'assister à** before
attending; **la mairie** town hall, *US:* city hall; **sans** without.

4 **parlons maintenant** let's talk now; **le jour chômé** public holiday;
puisque since, because; **la fête du travail** Labour Day; **donc**
therefore; **celle des travailleurs** that (the day) of the workers; **vous
pouvez aussi acheter** you can also buy; **les brins** (*m*) **de muguet**
sprigs of lily of the valley; **en signe d'amitié** as a token of friendship.

---

5 et pour finir and in conclusion; **les fêtes** (*f*) **de fin d'année** Christmas and New Year's holidays; **le réveillon** New Year's Eve (or Christmas Eve) party; **la Saint-Sylvestre** New Year's Eve; **l'occasion** (*f*) opportunity; **enterrer** to bury; **l'année** (*f*) **qui se termine** the year which is ending; **celle qui va commencer** the one which is going to begin; **autour de** around; **l'ambiance** (*f*) atmosphere; **les jeunes** young people; **réveillonner** to celebrate New Year's Eve (or Christmas Eve); **le copain, la copine** pal; **la 'boîte'** (*fam*) nightclub; **plutôt que** rather than; **interminable** never ending; **le repas familial** family meal; **chez eux** at their home; **afficher** to post up, display; **à l'avance** in advance.

6 le foyer home; **au premier coup de minuit** on the first stroke of midnight; **se lever** to get up; **s'embrasser** to kiss each other; **à tour de rôle** in turn; **trinquer** to clink glasses; **qui vient de naître** (*irreg*) which has just been born.

7 le jour de l'An New Year's Day; **les enfants reçoivent** (*recevoir* = *irreg*) the children receive; **les étrennes** (*f*) New Year's gift; **comme d'habitude** as usual; **les vœux** (*m*) **de bonheur et de santé** best wishes for future happiness and health; **ils ne verront** (*voir* = *irreg*) **qu'une fois** they will only see once; **puis** then; **le mois de janvier** the month of January; **retomber dans le calme** to become calm again; **mettre de l'ordre dans sa correspondance** to put one's correspondence in order; **répondre** to reply; **la carte de vœux** greetings card.

Explanatory notes

10 Reflexive verbs

a) Do you remember how reflexive verbs perform (*French In Three Months, §61*)? Here's a quick reminder, using the examples from this lesson's text:

se lever	to get up
se trouver	to find oneself
se référer	to refer
se recueillir	to collect one's thoughts
se préparer	to prepare
s'estomper	to become blurred

Present tense

je me lève	I get up, etc.
tu te trouves	
il/elle se réfère (à)	
nous nous recueillons	
vous vous préparez	
ils/elles s'estompent	

b) You must remember to form the past tense of reflexive verbs with *être*, NOT *avoir*:

Past tense

je me suis levé	I (*m*) got up
tu t'es trouvé	you (*m, fam*) found yourself, etc.
il s'est référé	
vous vous êtes préparé	
nous nous sommes recueillis	
ils se sont estompés	

c) Make sure you add an -*e* to the past participle, if this refers to a preceding feminine direct object (see section d):

je me suis levée	I (*f*) got up
tu t'es trouvée	you (*fam, f*) found yourself
elle s'est référée (à)	she referred (to)

Nor must you forget to add an -*s* for the plural:

vous vous êtes préparés	you (*m, pl*) prepared yourselves
nous nous sommes recueillies	we (*f*) collected our thoughts

d) Now we have to mention something that is undoubtedly a difficulty for students of French, but it must be mastered, if you wish to write French correctly.

Study the following:

1) **elle s'est préparée**	she prepared herself
2) **elle s'est préparé un plat délicieux**	she prepared herself a delicious dish

Have you spotted the difference in the spelling of *préparé(e)*? In 1) *se* (herself) is the DIRECT object of the verb *préparer*, 'she prepared herself', but in 2) *se* (herself) is the INDIRECT object of *préparer*, i.e. 'she prepared a delicious dish <u>for</u> herself'.

So, learn this rule:

<u>The past participle of reflexive verbs agrees in gender and number with the preceding DIRECT object.</u>

There is a little more to be said about reflexive verbs, but we plan to leave that discussion until the next lesson.

11 Referring to 'the present'

We've already met *de nos jours* which means 'nowadays'. Other expressions with a similar meaning are:

actuellement	at present
aujourd'hui	today
en ce moment	at the moment
à présent	at present
à l'heure actuelle	at the present time
par les temps qui courent	as things are at present

An example:

> **Par les temps qui courent, il faut toujours garder une poire pour la soif.**
> As things are at present, you must always keep something by for a rainy day.

12 Translating 'when'

'When', of course, is normally translated by *quand* or *lorsque*.
Quand is used in questions and as a conjunction i.e. 'When I'm in France, I always ...'
Lorsque can only be a conjunction. Here are two examples:

> **C'est quand, l'anniversaire de l'Armistice?**
> When is Remembrance Day (*US*: Veterans Day)?
> **Lorsque nous étions en France, nous sommes allés à la messe de minuit.**
> When we were in France, we went to midnight mass.

BUT if you are referring to a noun which itself represents a period of time, 'when' is translated by *où* (where):

à une époque où ...	at a time when ...
c'est le jour où ...	this is the day when ...
juste au moment où ...	just at the moment when ...

Example:

A une époque où les frontières ont tendance à disparaître en Europe ...

At a time when borders have a tendency to disappear in Europe ...

13 Expressing probability

We saw in the text:

Dans le cas de la France, c'est peu probable.
In the case of France, it's unlikely.

Other ways of talking about likelihood are:

probablement	probably
vraisemblablement	probably
il est probable que (+ fut)	it is likely that ...
il y a bien des chances que ...	there's a good chance that ...
(+ subj)	
il se pourrait bien que ...	it could well be that ...
(+ subj)	

Example:

Il se pourrait bien que je sois en France le 14 juillet.
It could well be that I'm in France on the 14th July.

14 Formal and informal speech

It's possible to have studied half a dozen good French grammar books, to have a wide vocabulary, and yet to be unable to understand what's being said, when you arrive in France (or Belgium, Switzerland, etc.). The reason for this may be that you have only studied *formal* French, whereas what you're listening to could be speech full of *informal* expressions. Informal language (and even slang) plays an important role in everyday communication. Learn to recognize these words, but do note that those words marked with an asterisk are only used in a very relaxed and informal situation. Beware!

FORMAL	*INFORMAL*
Entertainment	
le cinéma cinema	**le ciné** flicks
le café café	**le bistro(t)** pub
le night-club nightclub	**la boîte**
la soirée dansante dance, party	**la boum**

Food and drink

le vin	wine	le pinard*	plonk
le verre	drink	le pot	jar
les provisions (*f*)	food	la bouffe*	nosh

People

le jeune homme	young man	le gars⋆	guy
la jeune fille	girl	la nana	chick
l'ami (*m*)	friend	le copain	pal
l'amie (*f*)	friend	la copine	pal
l'agent de police		le flic	cop

Transport

le fourgon cellulaire	(police van, US: patrol wagon)	le panier à salade (Black Maria)
la voiture	(car)	la bagnole (set of wheels)

Others

le travail	work	le boulot	grind
le rendez-vous	appointment	le rencard	date
les vêtements (*m*)	clothes	les fringues (*f*)	gear
la cigarette	cigarette	la clope	cig
la faculté	university	la fac	varsity
démoralisé	disheartened	cafardeux	in the dumps
voler	to steal	faucher	to nick

*Note that the English translations given in the informal column are only approximate equivalents.

15 Numerals

Understandably, in view of the subject matter, there have been quite a few dates mentioned in this lesson and this might be an appropriate moment to remind you of some of the difficulties associated with French numbers (*French In Three Months §50, 69*). *Study the following:*

70	soixante-dix	80	quatre-vingts	90	quatre-vingt-dix
71	soixante et onze	81	quatre-vingt-un	91	quatre-vingt-onze
72	soixante-douze	82	quatre-vingt-deux	92	quatre-vingt-douze

(In Belgium and Switzerland they say *septante*, *octante* and *nonante* for 70, 80 and 90.)

Remember that the 's' in *quatre-vingts* disappears when another number follows:

80 flags   **quatre-vingts drapeaux**

BUT

| 84 flags | **quatre-vingt-quatre drapeaux** |

The same thing happens with *cent* (100):

100 books	**cent livres**
200 books	**deux cents livres**
220 books	**deux cent vingt livres**

On the other hand, **mille** (1000) never takes an 's' in the plural:

| 1000 people | **mille personnes** |
| 3000 people | **trois mille personnes** |

Mille is shortened to *mil* in dates:

| 1994 | **mil neuf cent quatre-vingt-quatorze** |

The French word *million* is regarded as a noun, always takes an 's' in the plural and is followed by *de* when linked to another noun:

1,000,000	**un million**
2,000,000	**deux millions**
3,000,000 francs	**trois millions de francs**

A word now about the way in which the pronunciation of certain numerals can change:

cinq, *six*, *huit*, *dix* and *dix-huit* are pronounced, as you know:

sangk, seess, ü'eet, deess, deez-ü'eet

BUT, when they immediately precede a word beginning with a consonant, the final letter of the numeral often becomes silent:

cinq passeports	sounds like	*sang pahss-porr*
six visas	sounds like	*see vee-zah*
huit valises	sounds like	*ü'ee vah-leez*
dix billets	sounds like	*dee bee-yay*

16 Noun plurals

You learnt early on in your studies (*French in Three Months §2a*) that nouns ending in *-al* form their plural by changing this *-al* to *-aux*:

journal	**journaux**	(newspapers)
cheval	**chevaux**	(horses)
canal	**canaux**	(canals)

The masculine plural form of adjectives ending in *-al* is formed in the same way:

singular	*masculine plural*
national	**nationaux**
familial	**familiaux**
régional	**régionaux**

Example:

journaux nationaux	national newspapers
liens familiaux	family ties

The feminine plural form of adjectives ending in *-al* is, however, formed in the usual way:

traditions nationales   national traditions

There are some important exceptions to the above rules:

singular	*plural*
bal (*m*) dance	**bals**
carnaval (*m*) carnival	**carnavals**
régal (*m*) treat	**régals**
festival (*m*) festival	**festivals**
naval (*adj*) naval	**navals**

Practice 4

Reply to the following questions but study these words first:

la date limite	deadline
partout	everywhere
courir (*irreg*) **un risque**	to run a risk

Questions

1 Quel est le risque que les pays européens courent à notre époque?
2 Quelles sont, généralement, les origines des traditions françaises?
3 Que représente le 14 juillet pour les Français?
4 Comment se célèbre cette fête en France?
5 Que signifie la date du 11 novembre?
6 A quoi correspond la date du 8 mai?
7 Comment les Français passent-ils le 1ᵉʳ mai?

8 Comment célèbre-t-on la Saint-Sylvestre?

9 Y a-t-il une date limite pour envoyer ses cartes de bon vœux?

10 Quel est, en général, le programme du jour de l'An?

Practice 5: 'A touch of amnesia'

Study these words, look at the example and then answer the questions in the same way:

le cuisinier, (-ière, *f*)	cook
le speaker, (-ine, *f*)	announcer

Example:

La speakerine va se présenter à la télévision pour la première fois ce soir?

Is the announcer going to appear on TV for the first time tonight?

Mais non, elle s'est déjà présentée à la télévision!

No, she has already appeared on TV!

1 Les anciens combattants vont se recueillir devant le monument aux morts?

2 Vous (*m, sing*) allez vous lever de table pour servir le vin rouge?

3 La cuisinière va se préparer son plat favori?

4 Vous (*pl*) allez vous offrir des brins de muguet?

Practice 6

Study these words and then fill in the gaps in the following sentences:

la route	road
la veille	eve
la course	race
encombré	congested
communal	local
en plein air	in the open air

1 Les routes nation _____ sont très encombrées les veilles de jours de fêtes.

2 Les représentants région _____ se réunissent tous les mois.

3 Les appels téléphoniques internation _____ sont très faciles à faire.

4 Le programme des fêtes commun _____ est le suivant:
   a) Courses de chev _____
   b) ba _____ populaires en plein air
   c) Festiv _____ de musique pop et de jazz
   d) Promenades en bateau sur les can _____

Practice 7

Study these words and then write out in full the dates that correspond to the clue in French:

le désaccord	disagreement
la dinde	turkey
le marron	chestnut
la bûche de Noël	Yule log
faire la grasse matinée	to have a lie in
se rendre	to go
digérer	to digest
reboucher	to fill in again
par ce sale temps	in this awful weather

1 Bonne Année!
2 Formidable! Je peux faire la grasse matinée, c'est la fête du travail.
3 Je me demande combien d'anciens combattants vont se rendre au monument aux morts par ce sale temps.
4 Qu'est-ce que tu fais ce soir pour la Saint-Sylvestre?
5 La dinde aux marrons et la bûche de Noël, tu les as digérées?
6 Tu as entendu la dernière? Il paraît que le tunnel sous la Manche a été rebouché à cause d'un désaccord entre la France et la Grande-Bretagne.

Practice 8

You overhear a young French person explaining what happened the other day to two of his friends. When you've heard the disastrous sequence of events, retell the story yourself, replacing the underlined words with more formal language. Have your dictionary handy. Ready?

... Pierre et Michel avaient été invités à une <u>boum</u>, organisée par deux <u>nanas</u> de la <u>fac</u> de droit. Après avoir fini leur <u>boulot</u>, ils sont partis en <u>bagnole</u>, emportant du <u>pinard</u>, des <u>clopes</u> et leurs <u>fringues</u> chic. En route, ils se sont arrêtés pour prendre un <u>pot</u> dans un <u>bistrot</u> et, en leur absence, on leur a <u>fauché</u> le <u>pinard</u>, les <u>fringues</u> et les quatre roues de la <u>bagnole</u>. Ils ont tout de suite appelé les <u>flics</u> et les deux <u>gars</u>, sans <u>fric</u> et sans <u>bagnole</u>, ont accepté de se faire raccompagner dans le <u>panier à salade</u>. Les voleurs courent toujours ou plutôt 'roulent' toujours!

Le 11 novembre

Lesson 3
Coutumes et traditions françaises
Customs and traditions (2)

Introduction

In Lesson 3 we continue to talk about French customs and traditions. There are some that we haven't discussed in the main text and we'd like to say a few words about them now.

La Saint-Valentin (fête des Amoureux), la fête des Mères et la fête des Pères sont plus ou moins identiques en France et en Grande-Bretagne, à l'exception peut-être du commerce des cartes qui n'est pas aussi prospère en France.

Certaines traditions familiales comme les baptêmes, les communions (à 12 ans) et les mariages restent très fortes et sont des occasions où il faut rassembler la famille au grand complet ('in full force'), sans omettre personne (volontairement ou non!). Ces fêtes peuvent parfois s'éterniser ('to drag on and on') et j'ai moi-même assisté à ('been present at') un mariage en Bretagne qui a duré quatre jours et en compagnie des jeunes mariés!

Les fêtes régionales sont toujours très en vogue. Les vendanges ('grape picking'), la moisson ('harvest'), les défilés ('processions') folkloriques (Bretagne), les corridas ('bullfights') donnent lieu à des réjouissances de temps à autre.

Le 1ᵉʳ avril est le jour des farces ('hoaxes') et des plaisanteries ('jokes') en famille, au travail, dans la presse et même ('even') à la télévision. Ces farces qui vont souvent se terminer par 'Poisson d'avril' ('April fool!') ne sont pas toujours de très bon goût ('taste'). Pourquoi 'poisson'? C'est peut-être une allusion aux quarante jours de carême ('fasting') pendant lesquels les chrétiens ('Christians') avaient mangé tellement de ('so much') poisson (pour remplacer la viande) que c'était devenu pour eux une sorte de plaisanterie.

And now turn to the main text and read about the way in which the French celebrate Twelfth Night, Shrove (Pancake) Tuesday, Easter and Christmas.

Traditions religieuses et familiales

1 Ces traditions se rattachent à la vie religieuse (chrétienne) et sont aussi et surtout des fêtes de famille.

Epiphanie:
Que représente l'Epiphanie pour la majorité des Français?
Epiphanie qui signifie en grec 'apparition' célèbre l'arrivée des Rois Mages, venus admirer Jésus à Bethléem.

Pour les Français, le jour des Rois est une occasion pour se recevoir et 'tirer les Rois'. En effet, la galette, symbolisant le cercle de l'univers, est généralement garnie de frangipane (crème aux amandes) ou de pommes et contient une fève à l'intérieur. Les parts de gâteau sont tirées au sort et celle ou celui qui tombe sur la fève sera la Reine ou le Roi du jour. Mais attention à ne pas l'avaler!

2 **Mardi gras:**
Pendant les mois de février et de mars, le temps est plutôt maussade et Mardi gras (dernier jour avant le carême) apporte de la gaîté avec ses crêpes, ses beignets, ses bals masqués et ses carnavals. Le mot 'carnaval' vient d'un verbe italien signifiant 'ôter la viande'.

3 **Pâques:**
Pâques symbolise la résurrection de Jésus Christ. C'est une fête mobile qui tombe entre le 22 mars et le 25 avril.
Comment se déroulent les fêtes de Pâques dans la majorité des foyers français?

Le vendredi saint est un jour où on fait maigre. Ce jour-là, tout le monde travaille normalement, sauf peut-être les bouchers. Le dimanche de Pâques est réservé aux offices religieux et le lundi, jour férié, aux festivités. En Normandie, le menu traditionnel est l'agneau de pré-salé, c'est à dire l'agneau qui paît en bordure de la mer. Sa viande a une saveur très appréciée des gourmets. Le dimanche matin, les enfants se précipitent dans le jardin à la recherche des œufs en chocolat que les 'cloches' ont laissé tomber.

La Toussaint:
Le 1er novembre, les familles se rendent au cimetière et déposent des chrysanthèmes sur les tombes des disparus.

Les fêtes de Noël:
Noël célèbre la Nativité, c'est-à-dire la naissance de Jésus. Cette
fête est devenue un grand événement familial et commercial. Les
rues sont décorées, inondées de musique et les Pères Noël
débordés. Chaque foyer s'active à la préparation du sapin de
Noël ou de la crèche.

4 Le 24 décembre: soir du réveillon
Les Français se mettent sur leur trente et un pour le réveillon qui
a généralement lieu après la messe de minuit. Au menu il peut y
avoir des huîtres, du foie gras (pour ceux qui ont les moyens), un
gibier ou une volaille et la traditionnelle bûche de Noël. Les
enfants, avant d'aller se coucher, alignent leurs chaussures
devant la cheminée où le Père Noël distribuera les cadeaux qu'ils
ont commandés (peut-être par Minitel ou par fax!).

5 Le jour de Noël:
La journée du 25 se passe en grande partie à table à déguster les
mets traditionnels (boudin blanc truffé et dinde aux marrons)
arrosés de bons vins, ou à se remettre des excès de la veille.
Les invités repartent souvent en fin de journée, s'ils sont à même
de prendre le volant, car le lendemain sera peut-être un jour de
travail (assez peu rentable, à mon avis) à moins qu'il n'y ait un
pont, c'est à dire un jour de congé supplémentaire.

La galette des Rois

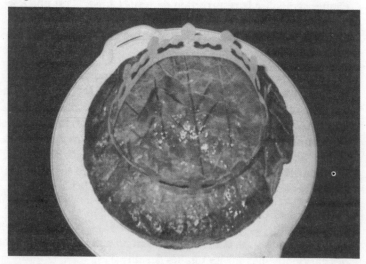

Translation Notes/New Words

1 **chrétien, -ienne** (*f*) Christian; **Les Rois Mages** The Three Wise Men; **tirer les Rois** to eat Twelfth Night cake; **en effet** in fact; **la galette** round, flat cake; **garni de** filled with; **la frangipane** almond paste; **l'amande** (*f*) almond; **la fève** charm; **la part** share; **tirer au sort** to draw lots; **tomber sur** to come across; **la reine** queen; **le roi** king; **avaler** to swallow.

2 **Mardi gras** Shrove (Pancake) Tuesday; **plutôt** rather; **maussade** dull; **le carême** fasting; **la crêpe** pancake; **le beignet** fritter; **ôter la viande** to remove meat.

3 **Pâques** Easter; **tomber** to fall; **se dérouler** to take place; **le foyer** home; **Vendredi saint** Good Friday; **faire maigre** to abstain from meat; **l'office** (*m*) **religieux** religious service; **l'agneau de pré-salé** salt meadow lamb; **paître** (*irreg*) to graze; **le pré** meadow; **en bordure de mer** by the sea; **la saveur** taste; **se précipiter** to rush; **à la recherche de** in search of; **l'œuf** (*m*) egg; **la cloche** bell (these 'cloches' are church bells which are on their way back from Rome); **laisser tomber** to drop; **la Toussaint** All Saints' Day; **se rendre** to go; **le cimetière** cemetery; **déposer** to lay; **la tombe** grave; **le/la disparu(e)** deceased; **la naissance** birth; **inonder** to flood; **débordé** overworked; **le sapin de Noël** Christmas tree.

4 **se mettre** (*irreg*) **sur son trente et un** to get all dressed up to the nines; **avoir lieu** to take place; **la messe** mass; **il peut y avoir** there may be; **l'huître** (*f*) oyster; **avoir les moyens** to be able to afford it; **le gibier** game; **la volaille** poultry; **la bûche de Noël** Yule log; **la chaussure** shoe; **la cheminée** fireplace; **commander** to order; **le Minitel** home terminal linked to the French telephone system and giving access to information and commercial services.

5 **le boudin blanc** white pudding; **truffer** to flavour with truffles; **la dinde** turkey; **le marron** chestnut; **arroser** to wash down; **se remettre** to recover; **l'invité(e)** guest; **être à même de** to be in a position to; **le volant** steering wheel; **assez peu rentable** not very profitable; **le pont** bridge, *here:* an extra day's holiday.

Explanatory notes

17 Reflexive verbs (cont'd)

We mentioned in the previous lesson that there was a little more to be said about reflexive verbs and we'd like to discuss these verbs further now.

a) A reflexive verb is sometimes used with a reciprocal meaning, that's to say that the English translation is 'each other'.

Study the following:

Nous nous recevons souvent.
We often visit each other.

Ils ne se comprennent pas.
They don't understand each other.

Nous nous sommes regardés.
We (*m*) looked at each other.

Elles ne se sont pas reconnues.
They didn't recognize each other.

Nous nous sommes écrit.
We wrote to each other.

b) When talking about parts of the body we prefer to use a reflexive verb in French, together with the definite article, in preference to 'my', 'his', 'her', etc. A few examples will make this clear:

Je vais me laver les mains.
I'm going to wash my hands.

Elle s'est cassé la jambe.
She has broken her leg.

Il s'est brûlé la main.
He has burnt his hand.

c) Sometimes a reflexive construction is used to form the passive:

Ces livres se vendent comme des petits pains.
These books are selling like hot cakes.

18 The past tense (perfect tense)

We don't think it's necessary to go over the basic rules again regarding the formation and use of the past tense in French (*see French in Three Months* § 17, 18), but here's a quick reminder:

Regular verbs:

travailler	**As-tu travaillé ce jour-là?**
choisir	**Avez-vous choisi votre Roi/Reine?**
vendre	**Ils/elles n'ont pas encore vendu tous les chocolats.**

Don't forget, however, that some French verbs form their past tense with *être (to be)* and not with *avoir (to have)*. These are usually verbs denoting movement from one place to another and students normally remember which ones they are:

arriver	to arrive
partir	to leave
entrer	to enter
sortir	to go out
aller	to go
venir	to come
monter	to go (come) up
descendre	to go (come) down
revenir	to come back
retourner	to return

But students invariably forget to use *être* to form the past tense of the following verbs:

tomber	to fall
devenir	to become
rester	to stay, remain
naître	to be born

Here are some examples:

Je suis arrivé(e) à l'heure, pour une fois.
I arrived on time, for once.

Il est parti à la messe de minuit.
He went to midnight mass.

Ils sont devenus médecins tous les deux.
They both became doctors.

> **Elles sont nées le même jour.**
> They were born on the same day.

You'll have spotted that, with this kind of verb, the past participle agrees in gender and number with the subject.

Note, however, that some of the above verbs <u>can</u> form their past with both *avoir* and *être*, according to the meaning.

Study the following:

> **Je suis sorti(e) faire un tour.**
> I went out for a walk.

BUT

> **J'ai déjà sorti le chien.**
> I've already taken the dog out.

> **Nous sommes descendues du train.**
> We (*f*) got off the train.

BUT

> **Nous avons descendu les valises.**
> We brought down the suitcases.

In other words, when *sortir*, *monter* and *descendre* are followed by a <u>direct object</u>, they are conjugated with *avoir* in the past.

19 Negatives

You will, of course, already be familiar with:

ne (*verb*)	pas	not
ne ...	rien	nothing
ne ...	personne	no-one
ne ...	plus	no longer, no more
ne ...	jamais	never

But, perhaps, not with:

ne ...	guère	scarcely, hardly
ne ...	nulle part	nowhere
ne ...	jamais plus	never again
ne ...	jamais rien	never anything
ne ...	aucun(e)	no
ne ...	ni ... ni	neither ... nor

Here are some examples using words taken from the text:

Moi, je ne m'amuse jamais à Noël.
I never enjoy myself at Christmas.

C'est fini, nous ne nous recevons plus.
It's finished, we no longer visit each other.

Cette tarte ne contient aucune fève.
This tart contains no charm.

Cette année les rues ne sont guère décorées;
 c'est probablement à cause de la récession.
This year the streets are hardly decorated;
 it's probably due to the recession.

Personne ne travaille aujourd'hui.
No-one works today.

Rien ne peut changer le fait que ...
Nothing can change the fact that ...

Notice the position of these negative words in the past tense:

Moi, je ne me suis jamais amusé(e) à Noël.
I've never enjoyed myself at Christmas.

Nous ne nous sommes plus reçus depuis le jour où nous
 avons eu un différend.
We haven't visited each other since the day when we had an argument.

Quelle déception! Les enfants n'ont rien trouvé dans le jardin.
What a disappointment! The children found nothing in the garden.

BUT

Ils n'ont trouvé personne à la maison.
They found no-one at home.

One final point about negatives:

The *ne* and the *pas*, *rien*, *jamais*, *plus*, come together in front of an infinitive (dictionary form):

Attention à ne pas avaler le noyau de cerise!
Make sure you don't swallow the cherry stone!

J'ai décidé de ne rien dire.
I've decided to say nothing.

Après la gueule de bois qu'il a eue, il a promis de ne plus toucher à
 l'alcool.
After the hangover he had, he promised not to touch alcohol any more.

20 Idiomatic expressions

It's interesting, isn't it, that the French *'se mettent sur leur trente et un'* and the British *'get all dressed up to the nines'*?

There are, in fact, a number of French expressions based on numbers and we thought we'd give you a few more. The following will make your French sound very French.

Expressions based on the number 2:

Faire d'une pierre deux coups.
To kill two birds with one stone (*lit* 'to do with one stone two blows').

Dormir sur ses deux oreilles.
To sleep peacefully (*lit* 'to **sleep on one's two ears**').

Expressions based on the number 4:

Dire à quelqu'un ses quatre vérités.
To tell someone a few home truths (*lit* '... his/her four truths').

Couper les cheveux en quatre.
To split hairs (*lit* 'to cut the hairs into four').

Note also:

Voir trente-six chandelles.
To see stars (*lit* '... thirty-six candles').

Passer un mauvais quart d'heure.
To have a bad time (*lit* '... a bad quarter of an hour').

21 Expressing sadness, regret

The following is an example of what the French write when they've just heard of the death of someone they know:

> *Monsieur et Madame Duval*
> *47 promenade de la Mairie*
> *St Lô*
>
> *C'est avec tristesse que nous apprenons la disparition de Monsieur X. En cette pénible circonstance nous tenons à vous adresser, ainsi qu'à votre famille, nos sincères condoléances.*

Tenir à + **infinitive** means 'to be anxious, eager to'.

22 Expressing pleasure

Study the following:

Je suis ravi(e) que vous puissiez être des nôtres pour cette soirée exceptionnelle.
I am delighted that you are able to join us for this special evening.

C'est avec grand plaisir que nous vous annonçons les fiançailles de Marie-Noëlle et d'Edouard.
It is with great pleasure that we announce the engagement of Marie-Nöelle to Edouard.

Les commerçants sont plus que satisfaits de leur chiffre d'affaires de cette année.
The shopkeepers are more than satisfied with their turnover for this year.

23 Expressions with *'Bon . . .'*

Bon anniversaire	Happy Birthday
Bon week-end	Have a nice weekend
Bon voyage	Have a good trip
Bon appétit	Enjoy your meal
Bonne Année	Happy New Year
Bonne route	Safe journey (by road)
Bonnes fêtes	Enjoy the holiday

Note also:

Joyeux Noël	Merry Christmas
Amusez-vous bien	Enjoy yourself(-selves)
A votre santé	Cheers

24 How to say something is 'wonderful'

Notre voyage en Chine a été . . .
Our trip to China was . . .

fantastique	fantastic
magnifique	wonderful
merveilleux	marvellous
formidable	tremendous
super (*fam*)	terrific
super chouette (*fam*)	really great
sensationnel (*fam*)	fantastic
sensass (*very fam*)	brill

25 What to say after a good meal

J'ai trop mangé. I've eaten too much.
Je n'en peux plus. I couldn't eat another thing.
J'ai bien bouffé. That was smashing! (*very fam*).
C'était bien bon. That was delicious!

And later that night ...

J'ai mal au cœur. I feel sick.
J'ai mal à l'estomac. I've (got) stomach ache.
J'ai une crise de foie. I've got a bilious attack.

And the next morning ...

J'ai la diarrhée. I've got diarrhoea.
J'ai la courante (*fam*). I've got the runs.

26 What to say after drinking too much

J'ai la gueule de bois. I've got a hangover.
J'ai trop bu. I've drunk too much.
Elle est ivre. She's drunk.
Il est saoul (*fam*). He's drunk.
(**saoul,** *saoule* (*f*) is pronounced 'soo, sool').
Il est complètement bourré (*very fam*). He's completely plastered.

'Tipsy' is expressed as *être entre deux vins*.

Practice 9

Vrai ou faux? Say whether the following statements are true or false; if false, correct the sentence. Learn the new words first:

New words:

le jour ouvrable the working day; **la bourse** purse; **fleurir une tombe** to put flowers on a grave; **à la portée de** within reach of.

---

1 L'Epiphanie a lieu chaque année le seize janvier.
2 Les Français célèbrent la fête des Rois en tirant au sort les parts de la galette des Rois.
3 Les fêtes de Mardi gras sont associées aux carnavals, aux bals masqués, aux crêpes, aux beignets.

4 Pâques symbolise la naissance de Jésus Christ.
5 Pâques est une fête mobile qui peut avoir lieu entre le 22 mars et le 25 avril.
6 Le vendredi saint, le dimanche et le lundi de Pâques sont tous des jours fériés.
7 Le soir du 24 décembre, les Français réveillonnent généralement en toute simplicité.
8 Le 26 décembre est un jour ouvrable.
9 Le 1er novembre, les familles rendent hommage à leurs morts en fleurissant les tombes de chrysanthèmes.
10 Le foie gras est un mets à la portée de toutes les bourses.

Practice 10

Study this example and answer the other questions in the same way, but learn these new words first:

New words:

le billet doux love letter; **se regarder en chiens de faïence** to glare at each other; **en promotion** on special offer.

Example:

Vous allez vous voir aujourd'hui?
Are you going to see each other today?

Oui, bien sûr.
Yes, of course.

Nous nous sommes déjà vu(e)s hier et pourquoi pas aujourd'hui?
We saw each other yesterday, so why not today?

1 Vont-ils encore se téléphoner aujourd'hui?
2 Ces bouteilles de champagne en promotion vont-elles encore bien se vendre aujourd'hui?
3 Tu vas te laver la tête aujourd'hui?
4 Vous allez encore vous écrire des billets doux aujourd'hui?
5 Vous allez encore vous regarder en chiens de faïence aujourd'hui?

Practice 11: A little history

Imagine you're a TV newsreader. Present the main events of the year, using the past tense (perfect) and the dates indicated.

New words:

Matignon the offices of the French Prime Minister; **le jour J** D-Day; **l'immeuble** (*m*) building, apartment block; **la loi** law; **accueillir** (*irreg*) to welcome; **détruire** (*irreg*) to destroy; **entrer en vigueur** to come into effect; **s'écraser** to crash.

---

1 Pierre Bérégovoy prend la succession d'Edith Cresson au poste de Premier ministre à Matignon.
(Le 2 avril . . .)

2 En Grande-Bretagne les Conservateurs de John Major gardent la majorité aux Communes.
(Le 9 avril . . .)

3 Mitterrand se rend à Sarajevo en Bosnie.
(Le 28 juin . . .)

4 Rio de Janeiro accueille la conférence des Nations Unies sur l'environnement.
(Du 3 au 14 juin . . .)

5 Les Français approuvent le traité de Maastricht avec une faible majorité de 51%.
(Le 20 septembre . . .)

6 Des pluies torrentielles détruisent la région de Vaisons-la-Romaine dans le midi et causent la mort d'une centaine de personnes.
(Le 22 septembre . . .)

7 On inaugure une nouvelle chaîne de télévision qui s'appelle Arte.
(Le 28 septembre . . .)

8 Un Boeing israélien s'écrase sur un immeuble en plein centre d'Amsterdam.
(Le 4 octobre . . .)

9 En France la loi qui interdit de fumer dans les lieux publics
entre en vigueur.
(Le 1er novembre . . .)

10 Le jour J du grand marché européen devient en principe réalité,
mais il faut toujours montrer son passeport.
(le 1er janvier . . .)

Practice 12

*Look again at Section 20 and choose the most appropriate idiomatic
expression for each of the following situations.*

New words:

le soulagement relief; **égarer** to misplace; **emporter** to take away;
tout à coup suddenly.

---

1 Depuis des jours et des jours, je suis à la recherche d'un dossier
important que j'ai apparemment égaré. Tout à coup, le dossier
est réapparu dans le bureau d'un collègue qui l'avait emporté par
inadvertance. Quel soulagement! Cette nuit, enfin, je vais
pouvoir . . .

New words:

circuler to drive; **à l'arrière** at the back.

---

2 – Pouvez-vous nous relater exactement les circonstances de
l'accident?
– Oui, je circulais en ville à 50 km/h, pas plus. Tout d'un coup,
j'ai reçu un tel choc à l'arrière de la voiture que j'en ai . . .

New words:

le différend difference of opinion; **faire une tête** to have a long face; **en
profiter pour** to take the opportunity to.

---

3 – Bonjour. Eh bien, tu en fais une tête? Ça ne va pas?
  – Non, je viens d'avoir un différend avec mon Directeur et j'en ai
    profité pour lui . . .

New words:

le poste job; **l'entretien** (*m*) interview; **convoquer** to call;
figure-toi . . . would you believe . . .; **toujours** still.

---

4 – Salut, tu cherches toujours un boulot?
  – Non, figure-toi que j'avais envoyé mon CV à une firme
    d'import-export. J'ai été convoqué pour l'entretien aujourd'hui
    et ils m'ont offert le choix de deux postes, l'un à Londres,
    l'autre à Paris.
  – Quelle chance! Une lettre, deux jobs! On peut dire que tu
    as . . .

Practice 13

With the help of your dictionary, study this menu and get ready to give your order to the waiter/waitress.

HOTEL DE LA MER

HOTEL-RESTAURANT
*Spécialités de fruits de mer
crustacés, grillades*
74, rue du Port
50400 GRANVILLE – Tél. 33.50.01.86

*Réveillon
Jour de l'An*

Kir royal avec canapés
Saumon fumé
ou foie gras avec toast
Huîtres ou escargots
Terrine aux trois poissons maison
sauce mousseline
Trou normand
Sanglier ou pavé de bœuf sauce Richelieu
avec ses petits légumes
Salade
Fromages
Omelette norvégienne
Café

Sylvaner
Bordeaux
Coupe de champagne

*Ambiance assurée – Cotillons
Réservations dès maintenant*
Prix: 430 F

Role-play (formal style)

Are you ready to order?

    Waiter **Vous désirez, Madame?**
      You I'm sorry, I don't know what a '**kir royal**' is.
    Waiter **C'est du champagne avec de la liqueur de cassis, Madame.**

You Oh, I don't like champagne, nor **'liqueur de cassis'**. I'll have a whisky.

Waiter **D'accord. Un whisky. Et ensuite, Madame?**

You Smoked salmon, oysters and fish terrine.

Waiter **Vous essaierez le trou normand? Il n'y a rien de meilleur pour la digestion.**

You **'Trou normand'**, a hole in Normandy? What is it exactly?

Waiter **C'est un sorbet aux pommes avec du calvados.**

You That's very original. I'd like to try that.

Waiter **Et comme plat principal, Madame?**

You I think I'll have the thick steak and vegetables. Can I also have a bottle of mineral water, please?

Waiter **Très bien. Merci, Madame.**

Role-play (informal style)

Take part in this conversation with your French friend who was with you in the restaurant last night.

Friend **Comment est-ce que tu as trouvé le réveillon hier soir?**

You The meal was terrific and the atmosphere was really great.

Friend **Eh bien, moi, j'ai fait une crise de foie et j'ai maintenant mal à la tête.**

You Are you saying you ate (**bouffer**) too much? Have you got a hangover? It's true you were a little drunk.

Friend **C'est très probable. En tout cas, à partir d'aujourd'hui, je vais faire très attention.**

You Happy New Year all the same (**tout de même**)!

N.B. **'Kir' vient du nom du chanoine Kir** (Canon Kir), **ancien maire de Dijon.** ('Kir' consists of blackcurrant liqueur and white wine; there are variations, for example **'kir royal'** (with champagne) and **'kir normand'** (with cider).)

Practice 14

*This is an authentic and very original "**faire-part**", announcing the*
birth of Marie Leroy. With the help of your dictionary produce an
English version but keep the style and the spirit of the French.

le faire-part announcement

M. et Mme Leroy
Rue du lycée
50000 Saint-Lô

—

Le 1ᵉʳ Décembre 1983.

Salut les grands!
Depuis longtemps, je voulais vous connaître.
Je suis émerveillée par ce que je découvre.
Merci de m'avoir si bien accueillie.
Rassurez-vous, il me suffit d'une toute petite place.
Voilà, je me sens bien et je vous aime déjà.
Mes parents sont ravis.

Marie Leroy   *- 51 cm - 3 kg 400*

Lesson 4
L'enseignement en France
Education

Introduction

Read this introduction to Lesson 4, but you only need to understand the gist of it at this stage. It would, however, be useful practice to look at this preface again after you have completed the Lesson.

L'enseignement a toujours joué un rôle primordial dans la société française. Tous les ans la rentrée des classes ('return to school'), après les longues vacances d'été, est un événement en France, non seulement pour les familles concernées mais aussi pour les commerçants ('shopkeepers') et les médias.

Malgré ('despite') les nombreuses tentatives ('attempts') pour réformer le système éducatif français à tous les niveaux ('levels'), bien des Français ('many French people') pensent toujours ('still') que les méthodes d'enseignement ne sont pas suffisamment adaptées au monde du travail et ne répondent pas ('do not meet') aux besoins ('needs') de l'industrie.

Néanmoins ('nevertheless'), il est évident que les élèves ('pupils') d'aujourd'hui attachent une très grande importance à la place qui est attribuée aux langues étrangères dans leur programme d'études. Ils sont de plus en plus conscients ('aware') du fait qu'ils pourront peut-être un jour aller étudier dans l'un ou plusieurs pays de la Communauté, ou y faire un stage ('go on a training course') ou même ('even') y trouver un emploi permanent.

On peut donc se demander quels sont les réels avantages d'envoyer les enfants faire un séjour ('stay') linguistique. Certains pédagogues ('educationalists') sont convaincus ('convinced') qu'un bain linguistique ('immersion course') est une excellente idée si la formule ('option chosen') est adaptée à l'enfant. D'autres pensent qu'un séjour à l'étranger peut coûter très cher et soulignent ('point out') que, dans certains cas, il peut y avoir ('there may be') d'autres moyens efficaces ('effective ways') de pratiquer la langue

en utilisant, par exemple, la nouvelle technologie: laboratoire de langues, magnétoscope ('video recorder'),
enseignement assisté par ordinateur ('computer-assisted language learning'), émissions diffusées ('programmes broadcast') par satellites.

L'idéal serait probablement un mélange ('mixture') des deux formules.

We would now like you to study, with the help of the Translation notes, the following recent article taken from le Monde de L'Éducation.

Les séjours linguistiques

Shakespeare en famille et Goethe à bicyclette

Un séjour linguistique n'est pas un produit de consommation courante. Il coûte relativement cher et peut présenter quelques risques. Ne pas hésiter à s'entourer de toutes les précautions, et choisir parmi les formules la plus adaptée à l'enfant. Et la plus rassurante pour ses parents.

1 L'ENFER est pavé de bonnes intentions, les séjours linguistiques également. Les parents qui font un effort financier considérable pour envoyer ces chers petits étudier sur place la langue de Shakespeare, Goethe, Dante ou Cervantes, comme il est convenu de le dire, sont souvent déçus. Ils constatent au retour que l'enfant, peu soucieux d'œuvre poétique, n'a mémorisé que quelques formules spirituelles du genre «*I'm coming. I don't speak fluently but I love so much your country*». Il a, en revanche, considérablement enrichi sa collection de mots de quatre lettres totalement inutiles – sinon nuisibles – à l'oral du bac.

2 Bien des déceptions pourraient être évitées, si les parents voulaient admettre qu'un deux ou même trois séjours ne transformeront jamais leur petit génie en traducteur onusien. Il en retirera, c'est déja beaucoup, des expériences bénéfiques, comme la découverte d'une culture et d'un pays différents ou un intérêt nouveau pour une langue devenue familière.

3 Faire partir un enfant peu motivé ou malheureux de passer des vacances studieuses, c'est non seulement de l'argent jeté par les fenêtres, mais le rejet probable d'un pays, de ses habitants et de sa langue – tout le contraire du but recherché. Parents, ne culpabilisez pas! Le séjour linguistique n'est pas indispensable, surtout si vos finances ne suivent pas. Un séjour de trois semaines en Grande-Bretagne ou en Allemagne ne fera jamais fleurir la syntaxe, réciter en comptines les conjugaisons ou jongler avec les verbes irréguliers. L'Association des professeurs de langues vivantes (APLV) préconise, dans certains cas, en plus d'un effort personnel et quotidien dont tout apprentissage a besoin – ce qu'on

aurait un peu tendance à oublier, – des cours particuliers répartis le long de l'année scolaire. Elle avance une suggestion plus économique : suivre l'excellente émission matinale de FR3 «Continentales» (de 8 h à 11 h).

4 Un séjour linguistique n'est pas un produit de consommation courante, coûte relativement cher et présente quelques risques. Mieux vaut alors s'entourer de toutes les précautions et choisir parmi les formules – en famille, en collège, en camp de jeunes, avec tennis, à cheval, en bateau ou à bicyclette – la plus adaptée à l'enfant et la plus rassurante pour ses parents.

LE MONDE DE L'ÉDUCATION – JANVIER 1992

Translation Notes/New Words

1 **L'enfer est pavé de bonnes intentions** The road to hell is paved with good intentions; **le séjour** stay; **également** also; **envoyer** (*irreg*) to send; **étudier** to study; **sur place** on the spot; **comme il est convenu de le dire** as is often said; **déçu (décevoir)** disappointed; **constater** to ascertain, discover; **au retour** on the return; **peu soucieux de** caring little about; **l'œuvre** (*f*) work(s); **n'a mémorisé que** has only memorized; **la formule** expression; **spirituel, (-elle,** *f*) witty; **du genre** of the kind; **en revanche** on the other hand; **inutile** useless; **sinon nuisible** if not harmful; **le bac** (*fam* **le baccalauréat**) French equivalent of GCE 'A' Level.

2 **Bien des déceptions** many disappointments; **éviter** to avoid; **ou même trois** or even three; **ne transformeront jamais** will never transform; **leur petit génie** their little genius; **le traducteur onusien** United Nations translator; **retirer des expériences bénéfiques de** to gain valuable experience from; **la découverte** discovery; **un pays** a country.

3 **faire partir** to make (someone) leave; **peu motivé** unmotivated; **malheureux (-euse,** *f*) unhappy; **passer** to spend (time); **des vacances studieuses** study holiday; **non seulement** not only; **de l'argent jeté par les fenêtres** money thrown down the drain (*lit* 'out of the windows'); **le rejet** rejection; **les habitants** inhabitants; **tout le contraire du but recherché** just the opposite of the desired aim; **culpabiliser** to feel guilty; **surtout** especially; **si vos finances ne suivent pas** if your finances aren't sufficient (*lit* 'don't follow'); **fleurir** to flourish; **réciter en comptines les conjugaisons** to recite conjugations like nursery rhymes; **jongler** to juggle; **une langue vivante** a modern language; **préconiser** to recommend, advocate; **en plus de** in addition to; **quotidien, (-ienne,** *f*) daily; **dont tout apprentissage a besoin** that all learning requires; **ce qu'on aurait un peu tendance à oublier** which may sometimes be forgotten; **des cours particuliers** private lessons; **répartis le long de l'année scolaire** spread out over the school year; **avancer une suggestion** to put forward a suggestion; **suivre** (*irreg*) to follow; **une émission matinale** a morning broadcast.

4 **un produit de consommation courante** a product one buys frequently; **coûter** to cost; **mieux vaut** it's better (to); **s'entourer de précautions** to take all necessary precautions (*lit* 'to surround oneself with . . .'); **la formule** formula, programme; **choisir parmi les formules** to choose from among the (various) options; **le cheval** horse; **le bateau** boat; **rassurant** reassuring.

Explanatory notes

27 Means of transport (*moyens de transport*)

When in France or Belgium, etc., you'll often need to specify how you wish to travel:

à bicyclette	by bicycle
à cheval	on horseback
à pied	on foot
en bateau	by boat
en aéroglisseur	by hovercraft
en moto	by motorcycle
en métro	by underground
en/par le train	by train
en/par avion	by plane
en traineau	by sleigh
en hélicoptère	by helicopter

Or, perhaps, you're one of those adventurous people and you'd prefer to:

faire du deltaplane	to hang-glide
monter en montgolfière	to go up in a hot-air balloon

28 Relative pronouns – *qui/que* (who, which/whom, which)

Even at an advanced level, students continue to confuse the words qui and que; qui represents the subject, que the object. Compare these examples:

Les parents *qui* font un effort financier considérable pour envoyer...
Parents who make a considerable financial effort to send...

L'effort financier considérable *que* les parents font pour envoyer...
The considerable financial effort which parents make to send...

If you're having difficulty deciding whether you're dealing with the subject or the object, here's a fairly reliable rule to help you:

If, in English, the verb comes immediately after 'who/which', use *qui*, if another word (or words) separates the 'who/which' from the verb, use *que*.

29 Impersonal verbs

You may have been momentarily confused by the expression *mieux vaut* in *mieux vaut s'entourer de toutes les précautions*, but this is simply a variation on *il vaut mieux* (it is better). Other impersonal expressions that you should be able to use confidently are:

il suffit de	it's sufficient to
il s'agit de	it's a question of
il reste	there remain(s)
il faut que (+ **subjunctive**)	(I, you, he, she, etc.) must
il se peut que (+ **subjunctive**)	it may be that
il importe que (+ **subjunctive**)	it is important that
il n'en reste pas moins que	it is nevertheless a fact that

Here are some examples:

Il s'agit d'un séjour de trois semaines en Allemagne.
We're talking about a three-week stay in Germany.

Il en reste quatre.
There are four left.

Il faut que vous avanciez une suggestion plus économique.
You must put forward a more economic suggestion.

Il se peut que nous choisissions des cours particuliers.
We may choose private lessons.

As with *il vaut mieux*, the *il* is occasionally omitted with some of these verbs:

Reste à savoir, si ...	It remains to be seen whether ...
Peu importe.	It doesn't matter.

30 Negative prefixes

As in English, a number of different prefixes are used in French to make a word negative.

Study these examples, taken from the text:

in-/im-:

utile	useful	**inutile**	useless
probable	likely	**improbable**	unlikely
personnel	personal	**impersonnel**	impersonal

mal-:

heureux	happy	**malheureux**	unhappy
bénéfique	beneficial	**maléfique**	evil

ir-:

régulier	regular	**irrégulier**	irregular
responsable	responsible	**irresponsable**	irresponsible

il-:

logique	logical	**illogique**	illogical
légal	legal	**illégal**	illegal

a-:

normal	normal	**anormal**	abnormal

mé-:

content	pleased	**mécontent**	displeased

Note also how an adjective can be made negative by the use of the word *peu*:

soucieux	concerned	**peu soucieux**	unconcerned
motivé	motivated	**peu motivé**	unmotivated

31 The conditional + imperfect construction

Reminder one:
The conditional tense is formed by adding the endings: *-ais, -ais, -ait, -ions, -iez, -aient* to the infinitive (dictionary form) of the verb; if the infinitive ends in *-re*, drop the *-e* first:

j'étudierais	I would study
tu finirais	you would finish
il/elle suivrait	he/she would follow

And, of course, there are always the irregular forms:

nous ferions	we would do/make
vous pourriez	you would be able
il/elles deviendraient	they would become

Reminder two:
To form the imperfect tense, take the *nous-* form of the present tense, drop the *-ons*, and add the same endings as those of the conditional tense:

j'étudiais etc.	I was studying, I used to study, etc.

je finissais
il/elle suivait
nous faisions
vous pouviez
ils/elles devenaient

The verb *être* is the only exception to this rule:

j'étais (I was).

The conditional and imperfect tenses often combine and form the following important construction with "*si*":

Vous amélioreriez votre compréhension, si vous écoutiez la radio tous les jours.
You would improve your comprehension, if you listened to the radio every day.

The 'I would ..., if I ...' construction appears so often in both English and French that it is essential to be able to use it easily and correctly. In the text you met:

Bien des déceptions pourraient être évitées, si les parents voulaient admettre ...
Many disappointments could (would be able to) be avoided, if parents were willing to admit ...

Here are some more examples:

Vous enrichiriez considérablement votre vocabulaire, si vous lisiez les journaux.
You would considerably increase your vocabulary, if you read the newspapers.

Ils feraient la découverte d'une culture différente, s'ils suivaient l'excellente émission de FR3.
They would discover a different culture, if they followed **FR3**'s excellent broadcast.

So, the formula to be remembered is:

Conditional tense + *si* and the **imperfect tense** (the reverse is also possible).

32 The conditional perfect + pluperfect construction

Study the following:

Bien des déceptions auraient pu être évitées, si les parents avaient voulu admettre ...
Many disappointments could have been avoided, if the parents had been willing (*lit* had wanted) to admit ...

Vous auriez enrichi considérablement votre vocabulaire, si vous aviez lu les journaux.
You would have increased your vocabulary considerably, if you had read the newspapers.

You should also note that the conditional and conditional perfect of the verb *devoir* (to have to) are used to translate the English 'should and should have'. Here are some examples:

Vous devriez lire les oeuvres de Molière.
You should read the works of Molière.

Vous auriez dû téléphoner la semaine dernière.
You should have telephoned last week.

Don't forget, however, that the conditional is sometimes used in French to suggest some degree of doubt or uncertainty (see *Hugo's French in Three Months, Section 53*). In the text of this lesson we find:

... **ce qu'on aurait tendance à oublier** ...
... what <u>may</u> sometimes be forgotten ...

This use of the conditional is often come across when the speaker is repeating something s/he has heard and doesn't wish to be responsible for its accuracy. Here are two more examples:

Pierre aurait été employé comme professeur en Espagne.
Apparently, Pierre was employed as a teacher in Spain.

Trois élèves auraient échoué à l'examen.
It seems that three pupils have failed the examination.

Finally note that, as in English, the conditional is used in French in reported speech:

Anne a dit qu'elle téléphonerait demain.
Anne said she would telephone tomorrow.

33 Faux amis ('False friends')

First of all, what is a *faux ami*? Well, you will of course know that there are thousands of French and English words which have identical spellings (or almost) and very often have identical meanings. Very often yes – but *not always*! For example, *un car* in French doesn't mean 'a car', it means 'a coach'; likewise, *une librairie* is 'a bookshop', not 'a library'.

In this lesson we have already met several *faux amis*. The French word *déception* has nothing to do with 'deception', it means 'disappointment'; if someone is *déçu*, then s/he is 'disappointed'. Another *faux ami* in the text is the word *parents*. True, it means 'parents', but it can also refer to 'relatives':

Il a des parents aux États-Unis.
He has relatives in the United States.

We'd like to draw your attention now to a number of *faux amis* relevant to the subject of this lesson, namely education.

Study the following:

FRENCH	ENGLISH
le bachelier = someone who has the baccalauréat	bachelor = **le/la célibataire** Bachelor of Arts = **licencié(e) ès lettres**
le stage = training period	stage = **la scène**
l'avertissement (*m*) = warning	advertisement = **l'annonce** (*f*)
la lecture = reading	lecture = **la conférence**
la librairie = bookshop	library = **la bibliothèque**

Note also the following that <u>could</u> be **faux amis** in certain contexts:

le professeur	can mean 'professor', but usually means 'teacher'.
le langage	'language', yes, but often in the sense of computer language, or the language used for expressing ideas; a foreign 'language' = *la langue (étrangère)*.
la licence	can mean 'licence', but is also used for 'university degree'.
la copie	'copy', certainly, but also refers to 'scripts' (exam, school, etc.).
la matière	can mean 'matter', but is also a school subject; the 'matter' is normally *l'affaire* (*f*).

34 Further uses of *bien*

Of course you know *bien* in the sense of 'well':

Il parle bien le portugais.   He speaks Portuguese well.

But in the text you met *bien des* meaning 'many'. Likewise, you will hear *bien du*, *bien de la*, used to mean 'a great deal of':

bien des déceptions	many disappointments
bien du mal	a great deal of difficulty
bien de la chance	a lot of luck

Bien is also often used to obtain confirmation of a statement.

Study the following:

(On the telephone)

Est-ce que c'est bien le bureau de Monsieur Duval?
Is that Monsieur Duval's office?

Pardon, c'est bien ici le laboratoire de langues?
Excuse me, this is the language laboratory, isn't it?

35 Proverbs

You will add a touch of colour to your speech and impress your French friends no end, if you can use an appropriate proverb or saying at the appropriate time.

Learn these very common proverbs by heart:

Mieux vaut tard que jamais.
Better late than never.

Le malheur des uns fait le bonheur des autres.
One man's joy is another man's sorrow.

Quand les poules auront des dents!
Pigs might fly!

Quand le chat n'est pas là, les souris dansent.
When the cat's away, the mice will play.

Practice 15

Reply to these questions but study the new words first:

New words:

tel, telle (*f*) such; **malgré tout** in spite of everything; **selon** according to; **forcément** necessarily; **soit** (*subj of* être) (*here:* may be).

Questions:
1 Quelle est la comparaison faite par l'auteur du texte entre l'enfer et les séjours linguistiques?
2 Que constatent les parents, quand un enfant revient d'un séjour à l'étranger?

3 Comment les parents pourraient-ils éviter de telles déceptions?

4 Quelles sont, malgré tout, les expériences bénéfiques qu'un séjour à l'étranger peut apporter à un enfant?

5 Quels peuvent être les risques d'envoyer un enfant peu motivé dans un autre pays?

6 Pourquoi, selon l'auteur, le séjour linguistique n'est-il pas forcément indispensable pour des parents qui n'ont pas les moyens?

7 Que préconise l'APLV, dans certains cas, pour arriver à une bonne connaissance d'une langue étrangère?

8 Quelles sont les précautions à prendre pour s'entourer des garanties nécessaires au succès d'un séjour linguistique?

9 Donnez quelques exemples de formules qui soient possibles.

Practice 16

Reply to the questions and base your answers on the clues provided. You will need to learn these words first:

le salon	exhibition
le concours hippique	horse show
la faculté des Lettres	Faculty of Arts
la cité universitaire	halls of residence
se déplacer	to travel
avoir le pied marin	to be a good sailor
avoir horreur de	to detest
propre	own

1 Comment irez-vous au Salon des langues vivantes, qui aura lieu en février? (SNCF)

2 Pardon, comment est-ce que je peux aller de la faculté des Lettres à la cité universitaire? (Ⓜ)

3 Le lycée a organisé un séjour en montagne pour toute la classe. Il paraît que notre chalet est perdu dans la montagne. Comment nous déplacerons-nous? (Mush, mush!)

4 Je n'ai pas le pied marin, j'ai horreur des avions et je me sens claustrophobe dans les tunnels. Comment est-ce que je vais traverser la Manche? (Hot air balloon)

5 Donc, nous irons au concours hippique dimanche prochain. Je passerai te chercher à deux heures.
Non, ce n'est pas la peine. J'irai par mes propres moyens . . .
(Black Beauty).

Practice 17

> *New words:*
>
> **l'enseignement** (*m*) teaching; **la lacune** gap, deficiency; **améliorer** to improve; **combler** to fill.

And now complete these sentences:

1 Les élèves ('would improve') leur accent, si les lycées ('were') mieux équipés en laboratoires de langues.
2 Vous ('could') combler vos lacunes rapidement, si vous ('took') des cours particuliers.
3 Si elle ('had') le temps, elle ('would choose') de regarder les émissions d'anglais de **FR3**.
4 Nous ('would have studied') avec plus d'enthousiasme, si les méthodes d'enseignement des langues vivantes ('had been') plus modernes.
5 Vous ('should not have replied') au professeur sur ce ton-là.

Practice 18

> *New words:*
>
> **l'enseignement supérieur** higher education; **se mettre en grève** to go on strike; **aller en pension** to go to boarding school.

Answer the questions using an adjective with a negative prefix:

1 Les réformes de l'enseignement supérieur proposées par le ministre de l'Éducation sont-elles acceptables?
2 Est-il probable que les professeurs se mettent en grève au moment des examens?
3 L'élève est-il heureux d'aller en pension?
4 Es-tu content de ton oral d'anglais?
5 Est-il normal que le gouvernement essaie de réduire le nombre des options offertes aux étudiants?
6 Est-ce que 'pouvoir' est un verbe régulier?

Practice 19

One of the problems of learning a language is that, when you look a word up in the dictionary, you are often faced with a large number of alternatives. The difficulty is in knowing which one to choose.

Read the short story that follows and then, using your dictionary, decide on the correct translation of the word 'pass'. Do not translate the rest of the text.

Last July I <u>passed</u> three examinations, but I failed the fourth one. So, I had to do some revision during the summer and time certainly <u>passed</u> very quickly. On the day of the examination I left home early because I had to <u>pass through</u> a busy part of the city. On the way to the bus stop I <u>passed</u> someone I knew, but I decided <u>to pass on</u> quickly, as I didn't want to arrive late.

When I arrived at the examination room I had to show my <u>pass</u>, just in case I was trying to <u>pass for</u> someone else. I sat down and soon a sheet of blank paper was <u>passed around</u> for the students to write their names on.

Finally, the examination papers were distributed and the questions were really difficult. One student even <u>passed out</u>.

A few weeks later I heard that I had <u>passed</u> with distinction, but I must say that on the day of the examination I would have preferred to say – '<u>I pass</u>'.

Practice 20

Which French proverb would be most appropriate for the following situations? But, first, learn these words:

> ## New words:
>
> **le surveillant** supervisor; **le chahut** uproar; **la pré-retraite** early retirement; **les locaux** (*m*) premises; **surchargé** overloaded, crowded; **craindre** (*irreg*) to fear; **nommer** to appoint; **à la suite de** following; **ainsi** in this way; **davantage de** more.

1 Enfin! Les étudiants en langues peuvent maintenant étudier dans plusieurs pays de la Communauté et obtenir une licence reconnue par chacun de ces pays. Ce n'est pas trop tôt.

2 Dans notre école on nous promet depuis longtemps de nouveaux locaux, une bibliothèque toute neuve, des classes moins surchargées, davantage de professeurs, mais nous attendons toujours. Je ne veux pas être pessimiste, mais je crains que ces promesses ne se réalisent que . . . . .

3 Le directeur de l'établissement a dû prendre une pré-retraite à la suite d'un accident grave et moi j'ai été nommé à sa place. C'est ainsi que j'ai obtenu ma promotion.

4 Le surveillant s'est absenté de la salle d'étude quelques instants et les élèves en ont profité pour organiser un véritable chahut.

Practice 21

Act as interpreter for Mme Leblanc and Mrs Jones in the following dialogue. Use your dictionary to look up any words you don't know before turning to the key.

Mme Leblanc	**Nous avons l'intention d'envoyer notre fils en Angleterre pendant les vacances pour le motiver un peu. Est-ce que le séjour de votre fille en France l'année dernière a été bénéfique?**
Mrs Jones	Absolutely. She wasn't at all disappointed. She considerably enriched her vocabulary, including the four-letter words, but then why not, after all, they are part of the language. She also discovered a different country, with its traditions and culture, a country she didn't know at all.
Mme Leblanc	**Quelle formule de séjour linguistique avez-vous choisie? Nous, nous préférerions une formule qui combine à la fois séjour en famille avec cours collectifs.**
Mrs Jones	We chose the option that was best suited to our daughter, that's to say staying with a family in the evenings and at weekends to improve her oral comprehension and to practise the language, together with classes in a college every morning.
Mme Leblanc	**Avez-vous l'impression que les cours collectifs ont été bénéfiques et adaptés aux besoins de l'élève?**

Mrs Jones	According to my daughter, she felt that the classes helped her to master the syntax of the language and also the conjugations. She can now use the irregular verbs more easily and rapidly than before.
Mme Leblanc	**A-t-elle eu des problèmes de communication avec la famille, des difficultés à suivre les conversations? A-t-elle aussi connu des moments de déprime où elle se sentait complètement perdue?**
Mrs Jones	Yes, a little at the beginning. But she went to France with good intentions and she made a considerable effort to get the most out of her stay abroad. She watched TV a great deal, she went to the cinema and she took part in all her favourite sporting activities such as tennis, horse-riding and cycling.
Mme Leblanc	**Elle s'est donc bien habituée au style de vie français?**
Mrs Jones	Yes, very much so, but naturally she was glad to come home. She plans to return to France again as soon as possible.

For reference

Quelques examens:

L'ENSEIGNEMENT SECONDAIRE

Etablissement	Examen	Equivalent	Age
le collège	le brevet	GCSE	15
le lycée	le baccalauréat	A-Level	18

Le baccalauréat comporte plusieurs séries et permet l'accès à l'enseignement supérieur.

L'ENSEIGNEMENT SUPERIEUR
l'université
le premier cycle:
– première année   les IUT: Instituts universitaires de technologie
– deuxième année   le DEUG★   le DUT: Diplôme universitaire de technologie

le deuxième cycle:
– première année   la licence   degree
– deuxième année   la maîtrise   master's degree

le troisième cycle:
– première année   DEA: Diplôme d'études approfondies
                                Doctorat (de 3 à 5 ans)

*Diplôme d'études universitaires générales

Les grandes écoles

Ce sont des établissements de l'enseignement supérieur très
prestigieux. On y entre sur concours (le nombre de places étant
limité), après avoir suivi au moins deux années de préparation après
le baccalauréat.

Ces écoles forment les futurs hauts administrateurs d'Etat et les
grands chefs d'entreprise. De nombreux hommes politiques sont
d'anciens élèves de ces établissements.

Exemples:
Ecole Nationale d'Administration (ENA)
Ecole Polytechnique ("x") (Ingénieurs)
Ecole Centrale (Ingénieurs)

Valéry Giscard d'Estaing est ancien élève de Polytechnique et de
l'ENA.

Lesson 5
Le monde du travail
The world of work

Introduction

Quelques chiffres

En France la semaine légale de travail est de 39 heures par semaine. Il est question d'abaisser ('to lower') ce chiffre à 37 ou même 35 heures pour tenter d'endiguer ('to curb') le nombre de chômeurs qui a franchi le cap de trois millions ('which has passed the three-million mark'). Les chômeurs représentent 10,3% de la population active ('working population') contre 11,6% en Angleterre.

Les congés (holidays)

Les Français ont droit à ('are entitled to') un minimum de cinq semaines de congés payés par an. Certains salariés bénéficient de plus de cinq semaines. En ce qui concerne les congés payés et l'allocation de chômage ('unemployment benefit'), la France se trouve dans une situation privilégiée par rapport à ('compared with') la Grande-Bretagne.

L'âge de la retraite (retirement)

La retraite est à 60 ans pour tous les salariés qui ont travaillé et cotisé ('contributed') suffisamment. Les cheminots (conducteurs de locomotive), les mineurs et les instituteurs ont droit à la retraite avant 60 ans.

Les salaires

Le SMIC, c'est à dire le Salaire minimum interprofessionnel de croissance ('guaranteed minimum wage') est d'environ 5 800F brut ('gross') par mois pour une semaine de 39 heures. Il y a 8% de smicards ('people earning the SMIC') parmi la population active des salariés français. En décembre 1992 les salaires bruts des ouvriers, des cadres moyens et supérieurs ('middle and senior management') étaient les suivants*:

ouvriers	cadres moyens	cadres supérieurs
98 000F	300 000F	560 000F

En 1988 le RMI, c'est à dire le Revenu minimum d'insertion ('income support') a été créé par le gouvernement pour venir en aide aux personnes les plus démunies ('deprived') et pour faciliter leur insertion sociale ('social integration').

Il y a 550 000 Rmistes ('people receiving the RMI') en France. Le RMI s'élève à ('amounts to') 2700F par mois pour une personne seule.

La vie au Bureau: galère ou paradis?

1 Le temps passé au travail dépasse de loin celui que nous consacrons à la famille et aux loisirs. Bien que les heures prestées aient eu tendance à fameusement diminuer ces dernières décennies (en gros, les horaires vacillent encore entre 37 et 40 heures/semaine), nous passons la majorité de la journée sur le lieu du travail. Heureusement que l'année est ponctuée de vacances tant attendues! Mais il n'empêche que les collègues, que nous côtoyons quelque 8 ou 9 heures par jour, partagent plus notre vie que le mari ou les enfants, avec qui nous passons une soirée écourtée par une réunion professionnelle ou quelque course indispensable.

2 **Durs durs les débuts**
Toujours la malvenue, l'horloge pointeuse! Allez expliquer à cette machine hostile que le vieux monsieur au volant de la voiture qui précédait flirtait constamment avec la deuxième vitesse et qu'ensuite, nous avons été obligés de conduire en ville comme sur le circuit de Francorchamps. Enfin, presque! De toute façon, ce n'est pas notre air bougon qui effacera nos 10 minutes de retard. Heureux donc ceux et celles qui bénéficient d'un horaire flottant, permettant à tout le monde d'arriver à l'heure qu'il lui convient, dans une certaine fourchette évidemment.

3 **Une bonne entente**
Une fois ce barrage franchi, dirigeons-nous vers la cafetière électrique pour engloutir une tasse de café salvatrice, mais qui se coince en travers de la gorge si le directeur se promène au même instant dans les parages, un oeil noir dardé sur sa montre. Après avoir regagné sub-

salaires annuels

repticement notre place et échangé quelques sourires avec les collègues en guise de *bonjour* et hop, la *vraie* journée de boulot commence. Les liens qui se créent sur le lieu du travail sont essentiels. Ils dépendent évidemment de la place qu'occupe la personne sur l'échelle hiérarchique mais en général, ils peuvent être bons et chaleureux. Les chefs de service imbuvables existent bien sûr mais les collègues plutôt sympa et supportables constituent le plus souvent la règle générale.

4 Ah, ces bavardages!
Pour papoter, comploter, voire jaser, le bureau est l'endroit rêvé. Chacun aime à échanger quelques mots avec son voisin. Mais il est vrai qu'un bavardage intempestif peut perturber la bonne marche du travail. Il vaut certainement mieux travailler et parler *un peu* dans une ambiance où les collègues s'apprécient, que de s'activer dans un silence monastique où tout le monde se regarde en chiens de faïence. La rentabilité y gagne sans

aucun doute. Enfin, autant ne pas se faire d'illusions: rares sont ceux qui, en milieu professionnel, échappent aux ragots. Mieux vaut s'y faire, sinon la vie devient très vite impossible . . .

5 Us et coutumes "maison"
Le mariage de Fernande, la naissance du petit dernier d'Edouard, le départ de Lucienne . . . les occasions de faire passer une *enveloppe* discrète dans les différents services ne manquent pas. Et chacun -selon l'humeur du moment et sa sympathie envers la "star" du jour- glisse quelque(s) billet(s) dans l'enveloppe. A l'heure H, tout le personnel s'aligne pour écouter le discours de circonstance. Le collègue à l'honneur croule littéralement sous les volées de compliments et de louanges à son intention. Après quelques larmes de crocodile, tout le monde se jette sur les toasts mous et le verre de l'amitié . . . tiède. Il ne nous reste plus, en fin d'après-midi, qu'à nous précipiter vers notre voiture pour rentrer dare-dare à la maison.

By Kathleen Leleux, writing in Actuapress magazine, September 1992.

Translation Notes/New Words

1 **la galère** slave ship, *here*; hell; **le paradis** paradise; **dépasser** to exceed; **de loin** by far; **consacrer** to devote; **bien que** (+*subj*) although; **les heures** (*f*) **prestées** (Belgian expression) required number of hours one must work; **famusement** (*fam*) greatly; **la décennie** decade; **engros** on the whole; **l'horaire** (*m*) timetable; **le lieu de travail** workplace; **l'année est ponctuée de vacances tant attendues** the year is interrupted by keenly awaited holidays; **il n'empêche que . . .** be that as it may . . .; **côtoyer** to mix with, *here*: to work with; **quelque** (*adv*) about; **partager** to share; **écourter** to shorten.

2 dur hard, difficult; **le début** beginning; **malvenu** unwelcome; **l'horloge pointeuse** clocking-in machine; **le volant** steering wheel; **... flirtait avec la deuxième vitesse** was driving slowly (*lit* 'was flirting (*ironic*) with the second gear'); **le circuit de Francorchamps** Francorchamps racing circuit in Spa (Belgium); **l'air** (*m*) **bougon** (*fam*) grumpy look; **effacer** to erase; **l'horaire** (*m*) **flottant** flexi-time; **la fourchette** margin.

3 l'entente (*f*) understanding, friendship; **le barrage** obstruction; **franchir** to clear, cross; **se diriger vers** to make one's way towards; **la cafetière électrique** coffee machine; **engloutir** to gulp down; **se coincer** to get stuck; **en travers de la gorge** in the throat; **dans les parages** (*m*) in the vicinity; **un œil noir dardé sur sa montre** a disapproving look at his watch; **regagner sa place** to return to one's place; **subrepticement** surreptitiously; **le sourire** smile; **en guise de** as a way of (saying); **et hop** and off we go; **le boulot** (*fam*) work; **les liens** (*m*) relationships; **l'échelle** (*f*) ladder; **chaleureux, -euse** (*f*) warm; **le chef de service** head of department; **imbuvable** (*fam*) unbearable (*lit* 'undrinkable'); **plutôt** rather, fairly; **sympa** (*fam* abbreviation of **sympathique**) pleasant.

4 le bavardage chatting; **papoter** (fam) to have a natter; **comploter** to plot; **voire** and even; **jaser** to gossip; **l'endroit** (*m*) place; **rêvé** ideal, perfect; **intempestif** (*f*) inopportune; **la bonne marche** smooth running; **se regarder en chiens de faïence** to glare at each other (*lit* 'to look at each other like earthenware dogs'); **la rentabilité y gagne** greater profit results from it (*lit* 'profitability wins'); **sans aucun doute** without any doubt; **enfin** anyhow; **autant ne pas se faire d'illusions** it's better not to be under any illusion; **en milieu professionnel** in the workplace; **échapper à** to escape; **les ragots** (*m, fam*) tittle tattle; **se faire à** to get used to; **sinon** otherwise.

5 us (*m*) **et coutumes** (*f*) "maison" habits and customs of the 'firm'; **la naissance** birth; **les occasions de faire passer une enveloppe ... ne manquent pas** there are numerous opportunities to pass round an envelope ...; **glisser** to slip; **le billet** note (money); **à l'heure H** at zero hour, (*note also*: **jour J** D-day); **s'aligner** to line up; **le discours de circonstance** the speech for the occasion; **le collègue à l'honneur** the colleague being honoured; **crouler** to collapse; **sous les volées de compliments** under a barrage of compliments; **la louange** praise; **à son intention** for him; **les larmes** (*f*) **de crocodile** crocodile tears; **se jeter** to throw oneself; **le toast** toast (bread; also in the sense of 'tribute'); **mou, molle** (*f*) soft; **tiède** lukewarm; **il ne nous reste plus qu'à** it only remains for us to; **se précipiter vers** to rush to; **dare-dare** (*fam*) double-quick.

Explanatory notes

36 Verbs + preposition + noun

In this lesson's text we met:

> ... horaire flottant, permettant <u>à</u> tout le monde d'arriver
> à l'heure qui <u>lui</u> convient.
> ... flexi-time, allowing everyone to arrive at the time that suits him/her.

> Les liens dépendent évidemment <u>de</u> la place qu'occupe la
> personne sur l'échelle hiérarchique.
> Relationships depend obviously on the position that the person occupies
> in the hierarchy.

Even advanced students continue to make mistakes in French when
it comes to choosing the right preposition to use after a verb. We
thought, therefore, that we should look at this subject again, but in
greater detail. The following French verbs take à when followed by
an object, but note that NO preposition is required in English:

échapper à	to escape
renoncer à	to give up, renounce
répondre à	to answer
résister à	to resist
jouer à	to play (game)
plaire à	to please
convenir à	to suit

Examples:

> J'ai renoncé à mes projets.
> I've given up my plans.

> Rares sont ceux qui, en milieu professionnel, échappent aux ragots.
> Rare are those who escape tittle-tattle in their place of work.

> Je peux résister à tout, sauf à la tentation.
> I can resist everything, except temptation.

Some verbs take *de* before the object:

hériter <u>de</u>	to inherit
se souvenir <u>de</u>	to remember
s'approcher <u>de</u>	to approach
s'apercevoir <u>de</u>	to notice

Note again that NO preposition is required in English:

> Nous nous sommes aperçus de l'erreur trop tard.
> We noticed the mistake too late.

Nous nous approchons de la côte française.
We're approaching the French coast.

Il ne se souvient pas de la date de livraison.
He doesn't remember the delivery date.

Occasionally, the preposition used after a French verb comes as a surprise to English-speakers:

to depend <u>on</u>	**dépendre <u>de</u>**
to be interested <u>in</u>	**s'intéresser <u>à</u>**
to thank <u>for</u>	**remercier <u>de</u>**
to laugh <u>at</u>	**rire <u>de</u>**
to think <u>of</u> (to reflect <u>on</u>)	**penser <u>à</u>**

Examples:

Je m'intéresse aux avantages en nature qui vont avec ce poste.
I'm interested in the fringe benefits that go with this post.

Nous vous remercions de votre commande No. 36 que nous avons reçue ce matin.
Thank you for your order No. 36, which we received this morning.

Finally, we have mentioned a number of French verbs which are followed by a preposition when NONE is required in English; the reverse is also possible:

to ask <u>for</u> something/ someone	**demander quelque chose/ quelqu'un**
to look <u>for</u>	**chercher**
to wait <u>for</u>	**attendre**
to listen <u>to</u>	**écouter**
to look <u>at</u>	**regarder**
to approve <u>of</u>	**approuver**

Examples:

Je cherche l'ANPE (Agence nationale pour l'emploi).
I'm looking for the Jobcentre.

Cet après-midi nous devons tous écouter le discours du Directeur sur l'avenir de notre entreprise au sein de l'Europe.
This afternoon we must all listen to the Director's speech on the future of our company within Europe.

37 Expressions based on colour

Have you ever thought about the importance that colour has in our lives? The importance, for example, of packaging a product in an attractive colour, so as to increase its sales.

Both English and French are rich in expressions based on the various colours. In English, we talk about 'feeling blue', 'being green with envy', 'rolling out the red carpet', 'white lies', and so on. Interestingly, sometimes the colour chosen to express a particular idea corresponds in both languages and, on other occasions, the colour is quite different.

Study the following:

noir/black
In the text we saw:

> **regarder quelqu'un d'un œil noir**
> to give someone a black look

Note also:

l'or noir (pétrole)	black gold (oil)
la marée noire	oil slick
la ceinture noire	black belt (judo)

blanc/white

passer une nuit blanche	to have a sleepless night
il est blanc comme un cachet d'aspirine	he's as white as a sheet
les cols blancs	white-collar workers

bleu/blue

les cols bleus	blue-collar workers
avoir une peur bleue	to have a bad fright
c'est un bleu	he's green (inexperienced)

jaune/yellow

rire jaune	to force oneself to laugh

vert/green

donner le feu vert	to give the green light
vert de jalousie	green with envy
la ceinture verte autour de Paris	the green belt around Paris
L'Europe verte	European agriculture
Les Verts	the Greens
le numéro vert	Freefone

rouge/red

le téléphone rouge	the hot line
elle est sur la liste rouge	she's ex-directory
dérouler le tapis rouge	to roll out the red carpet
il est rouge comme une écrevisse (crayfish)	he's as red as a lobster
il a son compte en rouge	his account is in the red

rose/pink

voir la vie en rose	to see everything through rose-coloured glasses
les Roses	the Socialists (France)

The author recently read the following magazine headline:

'Alerte rouge chez les Roses à cause des Verts.'
'Red alert for the Socialists because of the Greens.'

38 Presenting an argument

The following will help you to present your argument more persuasively:

Je voudrais commencer par attirer votre attention sur le fait que ...
I'd like to draw your attention to the fact that ...

Commençons par examiner les statistiques.
Let's begin by examining the statistics.

Le rapport indique très nettement que ...
The report indicates very clearly that ...

Je n'ai pas besoin de vous rappeler que ...
I don't need to remind you that ...

Je pense que nous devrions examiner les avantages et les désavantages de ...
I think we should examine the advantages and the disadvantages of ...

Je dois souligner le fait que ...
I must stress the fact that ...

Il est évident que ...
It's obvious that ...

39 Presenting a counter-argument

Of course, you may not always be in complete agreement with your French colleagues:

Il n'empêche que ...
Be that as it may ...

Vous avez peut-être raison et je reconnais l'importance de ce nouveau projet, néanmoins ...
You're probably right and I recognize the importance of this new project, nevertheless ...

J'attache peut-être trop d'importance à cette question, mais d'un autre côté ...
Perhaps I'm attaching too much importance to this point, but on the other hand ...

J'approuve en grande partie la façon dont vous avez mené les négociations et pourtant ...
I approve, to a large extent, of the way in which you have conducted the negotiations and yet ...

Je comprends parfaitement votre point de vue, mais il n'en reste pas moins que ...
I fully understand your point of view, but the fact remains that ...

40 Abbreviated words (familiar speech)

In this lesson's text we saw the word *sympa* being used in place of *sympathique*. Abbreviating words in this way is very common in familiar speech; for example, you will often hear the following:

le/la proprio (propriétaire)	landlord, landlady
le frigo (frigidaire)	fridge
le prof (professeur)	teacher
la télé (télévision)	telly
l'apéro (apéritif)	aperitif
l'expo (exposition)	exhibition
les écolos (écologistes)	Greens, environmentalists
les fachos (*pej*) **(fachistes)**	fascists

The following are used particularly by the younger generation:

le restau (restaurant)	restaurant
le labo (laboratoire)	lab
le ciné (cinéma)	flicks
la bibli (bibliothèque)	library

You will even hear young French people saying such things as:

'le petit déj' (le petit déjeuner)	breakfast
'cet aprem' (cet après-midi)	this afternoon
'l'appart' (l'appartement)	apartment/flat

We have drawn all the above abbreviated forms to your notice
because you'll often hear them when you're in France.
Nevertheless, we must remind you that they're very much part
of <u>familiar</u> speech, and we suggest that you use them
yourself with care.

41 When to use *matin/matinée*, *jour/journée*, *soir/soirée*, *an/année*

The best advice we can give you regarding the above words is to
make a note, each time you meet them, of the kind of phrase in
which they have been used. In the meantime, there are a few
guidelines we can offer you.

Matin, *jour*, *soir* and *an* are vague words and refer to the
'morning', 'day', 'evening' and 'year' <u>in general</u>; *matinée*, *journée*,
soirée and *année* have a more precise meaning and are used in
connection with a specific activity that takes place during these
periods. For example, *une soirée* can also mean a 'party'.

Use *matin*, *jour*, *soir*, *an* after –

a) **tous les ...** (every ...):

tous les matins	every morning
jours	day
soirs	evening
ans	year

b) **chaque** (each):

chaque matin	each morning
jour	day
soir	evening

BUT: **chaque année** each year

Use *jour, an* after –

a) **par** (per, a):

trois fois par jour	three times a day
six fois par an	six times a year

b) a number:

quatre jours	four days
cinq ans	five years

Note also:

un de ces jours	one of these days
l'autre jour	the other day
l'autre soir	the other evening
Bonjour	Good morning/afternoon
Bonsoir	Good evening

BUT:

Bonne journée	Have a nice day
Bonne soirée	Have a nice evening
Bonne année!	Happy New Year

Use *matinée, journée, soirée, année*

a) after *toute la* . . . (the whole, entire):

toute la matinée	the whole morning
journée	all day long
soirée	the entire evening
année	throughout the year

b) when accompanied by an adjective:

une matinée ensoleillée	a sunny morning
une journée rentable	a profitable day
une soirée agréable	a pleasant evening
une année bissextile	a leap year

Note also:

l'année dernière	last year
cette année	this year
l'année prochaine	next year
les années 60	the 60s
bien des années	many years

Examples:

L'autre jour nous nous sommes mis en grève sans l'accord du syndicat.
The other day we went on strike without the agreement of the union.

Tous les soirs, je me précipite vers ma voiture pour rentrer dare-dare à la maison.
Every evening I rush to my car, so as to return home double-quick.

Le programme de la matinée s'est déroulé comme prévu.
The morning's programme went off as planned.

Les bénéfices de cette année sont nettement en baisse.
This year's profits are definitely down.

42 Telephoning in French

Telephoning in a foreign language is always difficult, but the following expressions should help a great deal:

You will need to use:

Pourriez-vous me passer Madame Duval, s'il vous plaît?
Could you put me through to Madame Duval, please?

Est-ce que je peux avoir le poste 36, s'il vous plaît?
Can I have extension 36, please?

Excusez-moi, je me suis trompé de numéro.
I'm sorry, I've got the wrong number.

J'ai trouvé un message sur mon répondeur automatique.
I've found a message on my answerphone.

You will hear:

C'est de la part de qui?
Who's calling?

Ne quittez pas.
Hold the line.

Voulez-vous rester en ligne ou préférez-vous rappeler plus tard?
Will you hold, or would you prefer to call back later?

C'est à quel sujet?
What is it in connection with?

Voulez-vous bien épeler votre nom?
Would you kindly spell your name?

Now come all the excuses:

Elle est en déplacement.
She's away on business.

Il est à l'étranger.
He's abroad.

Elle n'est pas disponible.
She's not available.

Il est occupé sur l'autre ligne.
He's busy on the other line.

Je vais lui demander de vous rappeler.
I'll ask him/her to call you back.

Je peux peut-être vous aider moi-même.
Perhaps I can help you myself.

Practice 22

*Vrai ou faux? Say whether the following statements are true or false.
If false give the right answer.*

New words:

invivable unbearable; **détendu** relaxed; **réussi** successful; **grâce à**
thanks to; **il est d'usage de** it is customary to.

---

1 La semaine de travail en Belgique s'est sérieusement réduite au
  cours des dernières décennies.
2 Malheureusement les congés n'ont lieu qu'une fois par an.
3 Ceux ou celles qui ont une activité professionnelle passent plus
  de temps à la maison qu'au bureau, grâce aux horaires variables.
4 Le principe de l'horaire flottant permet aux employés de choisir
  leur heure d'arrivée et de départ sans aucune contrainte.
5 L'atmosphère qui règne au bureau est insupportable car tous les
  collègues sont, sans exception, invivables.
6 Travailler dans un silence de mort, en se regardant en chiens de
  faïence, n'est certainement pas plus rentable que de travailler
  dans une atmosphère détendue.
7 Pour respecter les coutumes de l'entreprise, il est d'usage de faire
  une collecte pour un mariage, un départ ou une naissance.
8 La réception d'adieu est toujours très réussie et appréciée de tout
  le monde.

Practice 23

Complete the following sentences:

> *New words:*
>
> **le chiffre d'affaires** turnover; **le chômage technique** lay-offs; **la prime de rendement** productivity bonus; **muter** to transfer.

1 Je voudrais (to thank you for the extra day's holiday) que vous m'avez accordé.
2 (He is particularly interested in the possibilities) d'être muté à l'étranger.
3 Le chiffre d'affaires de l'entreprise (will depend on the efforts and the motivation) de tous les employés.
4 Les cols bleus (approve of the new idea) d'introduire des primes de rendement.
5 Le personnel féminin (is waiting for the introduction) des horaires flottants à partir du premier janvier prochain.
6 (I am always thinking of the risk) de me retrouver en chômage technique.

Practice 24

Complete the following sentences using a suitable 'colourful' expression (see note 37).

> *New words:*
>
> **le comptable** accountant; **la caissière** cashier; **l'indemnité** (*f*) payment, compensation; **ancien, -ienne** (*f*) (before noun) former; (after noun) old, ancient; **chavirer** to capsize; **blesser** to injure; **licencier** to make redundant; **garder son sang-froid** to keep a cool head; **s'inscrire** (*irreg*) to put one's name down.

1 Le bateau 'Le Braer' qui transportait du pétrole a chaviré devant les îles Shetland et a provoqué une véritable . . .

2 La politique agricole commune (PAC) a souvent été contestée.
. . . coûterait-elle trop cher à la Communauté?

3 Après tous les appels téléphoniques suspects que nous avons reçus, nous avons finalement décidé de nous inscrire sur . . .

4 C'est l'ancien directeur qui avait introduit l'horloge pointeuse dans l'entreprise et, aujourd'hui, c'est son fils qui en est la principale victime. Tout le monde sourit mais, lui, il . . .

5 Il y a eu un hold-up à la poste ce matin. Les gangsters sont partis avec 50.000 francs, mais personne n'a été blessé. La caissière a gardé son sang-froid, mais elle a eu . . .

6 Notre comptable, il en a une tête aujourd'hui. Eh oui, on lui a annoncé hier soir qu'il allait être licencié sans aucune indemnité. Le pauvre, il en a . . .

Practice 25

You disagree with your colleagues; match the statements:

New words:

le concurrent competitor; **le matériel** equipment; **la cote** popularity; **la climatisation** air conditioning; **les locaux** (*m*) premises; **vanter** to praise; **aborder** to broach; **dédommager** to compensate; **toucher** to receive.

---

1 Les résultats de la petite enquête qu'on a faite indique bien que notre chef de service n'a guère la cote parmi le personnel.

A C'est possible et pourtant à la dernière réunion, personne n'a abordé aucun de ces problèmes.

2 Je n'ai pas besoin de vous rappeler que nos salaires n'ont pas progressé autant que chez nos concurrents.

B Vous avez peut-être raison, mais il n'en reste pas moins qu'à chaque fois, vous applaudissez plus fort que tout le monde.

3 Commençons par examiner les faits: les locaux sont insuffisants, le matériel est démodé et la climatisation est constamment en panne.

C Oui peut-être, mais il n'empêche qu'il est organisé, méthodique et intelligent.

4 Il est évident que ces fameux discours qui ne cessent de vanter les mérites de nos collègues le jour de leur départ sont plutôt exagérés.

D Oui, mais d'un autre côté, ça va vous permettre de nous dédommager de vos retards‵ fréquents.

5 Je voudrais attirer votre attention sur le fait que j'ai déjà fait des heures supplémentaires le mois dernier.

E C'est vrai, néanmoins nous touchons le treizième mois, la prime de rendement et nous avons quelques petits avantages.

Practice 26

Replace the gaps with the appropriate expression taken from the box below:

du soir; par jour; le matin; du matin; la soirée; tous les jours; de l'après-midi; le soir; ans; un de ces jours; la plus grande partie de la journée; dans quelques années.

New words:

le dodo beddy-byes; **la retraite** retirement; **la devise** motto; **les heures d'affluence** rush hour; **épuisé** exhausted; **largement suffisant** more than enough; **dépouiller** to go through (mail); **atteindre** (*irreg*) to reach; **avoir hâte de** to be in a hurry to.

La journée de travail de Monsieur Longuevy

..., c'est la même routine pour ceux ou celles qui ont un emploi: 'métro, boulot, dodo'.

Tôt . . ., ils prennent le métro aux heures d'affluence. Ils passent
. . . à dépouiller le courrier, à assister aux réunions et à planifier
l'avenir.
. . . ils retournent chez eux, épuisés, et ils ont hâte d'aller se
coucher.

**Comment Monsieur Longuevy a-t-il réussi à rompre cette
monotonie?**

A 8 heures . . ., il part en vélo au bureau.
A une heure . . ., il sort manger au restaurant et s'accorde une
pause bénéfique.
A 7 heures . . ., il quitte le bureau, car 8 à 9 heures de travail . . .,
c'est largement suffisant!
De retour à la maison, il s'installe pour . . . devant un apéro bien
mérité et regarde les informations à la télé avant d'aller se coucher.
. . ., lorsqu'il aura atteint l'âge de la retraite, à 60 . . ., c'est à dire
. . . encore, il sera complètement libre et disponible, mais en
attendant voici sa devise:

'Vélo, boulot, restau, apéro, dodo.'

Practice 27

Play the part of the French-speaking switchboard operator:

New words:

l'ingénieur-informaticien computer engineer; **la candidature**
application; **à propos de** in connection with; **à l'appareil** on the phone.

M. Jolly	**Allô, c'est Michel Jolly à l'appareil. J'ai envoyé ma candidature pour le poste d'ingénieur-informaticien et je voudrais parler à Madame Nicholson, s'il vous plaît.**
Switchboard	Hold the line please. . . . Hello, the line is busy at the moment. Would you like to hold or do you prefer to call back later?
M. Jolly	**Je préfère rappeler plus tard.**

Later . . .

M. Jolly	**Allô, c'est Michel Jolly. J'ai déjà téléphoné ce matin. Voulez-vous me passer Madame Nicholson, s'il vous plaît?**
Switchboard	Sorry, I can't hear you very well, the line is very bad. Would you kindly spell your name?
M. Jolly	**Oui, J-O-L-L-Y.**
Switchboard	Just a moment please. . . . Hello, unfortunately Mrs Nicholson isn't in her office. I'll try another number . . . Hello, Mrs Nicholson is at a meeting at the moment. Would you like to leave a message?
M. Jolly	**Non, j'essaierai encore une fois demain.**

The following day . . .

M. Jolly	**Allô, c'est Michel Jolly, est-ce que je pourrais parler à Madame Nicholson, s'il vous plaît? C'est très urgent. C'est à propos de ma candidature pour le poste d'ingénieur-informaticien.**
Switchboard	Apparently, Mrs Nicholson is away on business for the whole day. Can I help you?
M. Jolly	**Non, pas vraiment. Peut-être que oui, après tout. Quel est le meilleur moment pour avoir Madame Nicholson au téléphone?**
Switchboard	Usually between 9 and 10 in the morning.

The next day . . .

M. Jolly	**Allô, bonjour Madame, c'est Michel Jolly à l'appareil. Il est 9h30. Est-ce que Madame Nicholson est là, s'il vous plaît?**
Switchboard	One moment please . . . Hello, yes, Mrs Nicholson is here, but she'll be busy all day with the interviews for the vacant post of computer engineeer . . .

Un entretien entre le chef du personnel et une jeune fille à la recherche de son premier emploi.

J'ai un DUT en informatique,
une licence en sciences économiques,
un doctorat en gestion.
Je suis complètement bilingue en anglais
et en français . . .

Excellent!
Avec un tel bagage,
je ne peux vous
offrir que le poste de
mon chef, c'est à
dire celui du
Président-directeur
général!!!

Curriculum vitae

Amanda Smart
13 Hope Lane, Orpington, Kent BR7 ABC, Angleterre
Tel: (19 44) 81 1234567
Née: le 31 juillet 1960
Mariée – 2 enfants
Nationalité: anglaise

FORMATION
1976: GCE 'O' levels (équivalence BEPC)
1978: GCE 'A' levels (équivalence Baccalauréat)
1981: BA(Hons) Economics (équivalence Licence en sciences
       économiques), Université de South Bank, Londres
1982: MA in Management (équivalence Maîtrise de gestion),
       Université de Bristol

LANGUES
Anglais – Français: bilingue
Allemand: lu-parlé-écrit
Russe: notions

EXPERIENCE PROFESSIONNELLE
1981: Ets. Grandivitte
       (Service Informatique)
       Stage de trois mois

1982–5: Success Export Ltd, Londres
       (matériel de bureau)
       Assistante Export bilingue

1985: Excel-Equip (London) Ltd, Londres
       (bureautique)
       Chef du service Import-Export

LOISIRS
Cinéma
Planche à voile
Cuisine

OBJECTIFS
Faire bénéficier une entreprise performante de mes connaissances,
de mon expérience personnelle, de mes contacts à l'étranger ainsi
que de mon sens de l'organisation et de la créativité.

Self-assessment Test 1

The following test is based on lessons 1–5.
Deduct one mark for every mistake.
All answers and score assessments are in the Key.

A Translate:

    1 We have been interested in team sports for three years.
    2 Golf has become very popular since last year.
    3 Since I am against 'franglais', it goes without saying that I
      prefer the word 'épinglette'.
(Total: 9 marks)

B Form adverbs from the following adjectives:

    1 habituel
    2 fier
    3 récent
    4 agréable
(Total: 4 marks)

C Select the appropriate definition for each word:

    1 Un bibliophile: a) quelqu'un qui lit la bible
                           b) un passionné de livres
                           c) quelqu'un qui travaille à la
                             bibliothèque
    2 Un anglophile: a) Un spécialiste de la langue anglaise
                           b) un terme qui vient de l'anglais
                           c) quelqu'un qui est en faveur de tout ce
                             qui est anglais
(Total: 2 marks)

D Find French equivalents for these anglicisms:

    1 un job intéressant
    2 un meeting important
    3 mon hobby préféré
    4 C'est un nouveau manager
(Total: 4 marks)

E Translate:

1 She sat the examination.
2 He got up at 7 o'clock.
3 She prepared herself a delicious meal.
4 We(*m*) avoided each other.
5 She has burnt her leg.
6 Champagne sells well at Christmas.
(Total: 12 marks)

F Write these numbers in words:

1 200 livres
2 320 francs
3 3 000 000 centimes
4 71 jours
5 85 drapeaux
(Total: 5 marks)

G Put the following verbs into the perfect tense:

1 Les Rois Mages viennent admirer Jésus.
2 Je(*f*) vais à la messe de minuit.
3 Les enfants deviennent impatients avant Noël.
4 Je ne sors jamais la voiture du garage seule.
5 Elle sort acheter une bûche de Noël.
(Total: 5 marks)

H How would you say to your French friends:

1 Happy Birthday
2 Enjoy your meal
3 Safe journey
4 Enjoy yourself
(Total: 4 marks)

I Numbers: Complete the following:

1 voir _____ chandelles
2 dire à quelqu'un ses _____ vérités
3 se mettre sur son _____
4 passer un mauvais _____ d'heure
5 faire d'une pierre _____ coups
(Total: 5 marks)

J Select the right meaning:

Le bachelier	1 un célibataire
	2 quelqu'un qui a obtenu le baccalauréat
	3 quelqu'un qui a une licence
La librairie	4 un magasin qui vend des livres et des magazines
	5 une bibliothèque
	6 une personne qui est libre
La lecture	7 un cours
	8 un professeur d'université
	9 action de lire

(Total: 3 marks)

K Give the French equivalent of these English proverbs:

1 Better late than never.
2 Pigs might fly.
3 One man's joy is another man's sorrow.
(Total: 9 marks)

L Complete the following:

1 Si nous (had) l'argent nous lui (would offer) un séjour en Angleterre.
2 Si vous (could) voyager par avion vous (would save) du temps.
3 Si elle (read) la presse française elle (would make) des progrès.
4 Vous (should have) y aller par le train.
(Total: 8 marks)

M Give the opposite of these adjectives, using a negative prefix:

1 utile
2 heureux
3 régulier
4 normal
5 content
(Total: 5 marks)

N Fill in the gaps with the right preposition (where necessary)

1 L'ambiance dépend _____ relations avec ses collègues.

84

2 Nous vous remercions _____ cadeau que vous nous avez offert.

3 Je vais renoncer _____ la cigarette.

4 Ils s'intéressent en particulier _____ Etats-Unis.

5 Elles écoutent _____ le discours d'adieu.

(Total: 5 marks)

O Colours: Give the French equivalent of the following:

1 to be ex-directory

2 to have a sleepless night

3 to force oneself to laugh

4 an oil slick

(Total: 8 marks)

P Role-play.

Play the part of the French-speaking switchboard operator:

Bonjour, Mademoiselle. C'est Jean Deshayes à l'appareil. Je voudrais parler à Madame Finchley.

One moment, please ... Hello, the line's busy. Would you like to hold?

Non, merci. Je vais rappeler plus tard.

(Later)

Allô, c'est Jean Deshayes à l'appareil. Pouvez-vous me passer Madame Finchley, s'il vous plaît?

I'm sorry, she's busy on the other line. I'll ask her to call you back.

Merci, Mademoiselle.

(Later)

Allô, pourriez-vous me passer Madame Finchley, s'il vous plaît?

Madame Finchley? I'm sorry, you've got the wrong number.

Oh, excusez-moi.

Allô, Allô, Allô.
(Recorded message)
Unfortunately, the office is closed. Please leave your message and telephone number and we will call you back as soon as possible.

(Total: 12 marks)

Lesson 6
L'Union européenne
The European Union

Introduction

Quelques dates historiques importantes

1951 Création de la CECA avec l'Allemagne, la Belgique, la France, l'Italie, le Luxembourg et les Pays-Bas

1957 Signature du traité de Rome créant l'Europe des Six

1973 L'Europe des Neuf: entrée du Danemark, de l'Irlande et de la Grande-Bretagne

1981 L'Europe des Dix: adhésion de la Grèce

1986 L'Europe des Douze: entrée du Portugal et de l'Espagne
Ratification de l'Acte unique européen

1993 (1er jan.) L'Europe lève ses frontières

1995 L'Europe des Quinze: entrée de l'Autriche, de la Finlande et de la Suède

L'Europe lève ses frontières

1 Balayées les frontières, pour les hommes, les marchandises, l'argent, les services ... Le 1er janvier, l'Europe s'offre un marché de 340 millions d'habitants. Tout change? Brusquement? Non. Bien des dossiers sont bouclés mais certains restent à régler dans les mois, voire les années qui viennent.

2 L'argent circule

L'Europe de l'argent a pris de l'avance. Depuis le 1er juillet 1990, tout citoyen français peut placer son argent, prendre un crédit ou acheter des SICAV en Angleterre, en Allemagne ou dans un autre pays de la Communauté, moyennant une simple déclaration aux services fiscaux. A partir du 1er janvier prochain, n'importe quelle banque étrangère pourra s'installer en France et y proposer ses services.

3 Si l'argent circule, la monnaie n'est pas encore unique. C'est le traité de Maastricht qui prévoit sa création, au plus tôt le 1er janvier 1997, au plus tard le 1er janvier 1999. Si les Douze arrivent enfin à ratifier le traité.

Dans quelques jours, vous pourrez souscrire où bon vous semblera votre assurance-automobile (responsabilité civile) ou votre assurance-vie. Dans le premier cas, c'est la législation du pays de l'acheteur qui s'applique; dans le second, c'est celle du pays où le contrat est souscrit. Pour l'assurance-incendie-accident-risques divers (IARD), il faudra attendre le 1er juillet 1994 pour connaître une totale liberté.

4 Aller où on veut

Faute d'une entente sur une politique d'immigration, le contrôle des passeports aux frontières intérieures de la CEE ne disparaîtra pas complètement le 1er janvier. Seuls les bagages pourront circuler librement. Et on pourra acheter ce que l'on veut où on veut, pourvu que les taxes aient été payées dans le pays d'acquisition et à quelques exceptions près: vous ne pourrez emporter que 40 paquets de cigarettes, 90 litres de vin, 110 de bière et 10 de spiritueux pour votre usage personnel!

5 Chacun a désormais la possibilité de choisir le lieu où il veut vivre et travailler. C'était vrai pour les travailleurs depuis le traité de Rome en 1957, c'est possible pour les inactifs (étudiants, retraités) depuis juin. La liberté d'établissement et de prestation de services, la reconnaissance mutuelle des diplômes, qui devrait être définitivement bouclée en juin prochain, ont levé les dernières barrières.

Il ne faut pas s'attendre pour autant à d'importants mouvements de populations. Il restera toujours le barrage des langues, des cultures

...

6 Roulez en blanc ou en jaune

Les phares blancs, qui équipent déjà les voitures anglaises et allemandes, seront autorisés, dès le 1ᵉʳ janvier, sur les voitures françaises. Mais ils ne seront pas obligatoires. Par contre, les pots catalytiques, moins polluants, seront montés sur tous les véhicules neufs. Il faudra attendre 1996 pour que tous les Européens bénéficient de la reconnaissance mutuelle des permis de conduire: d'ici là, il faudra continuer à échanger son permis, au bout d'un an, quand on s'installera dans un autre pays de la CEE.

Grande-Bretagne: chiens et chats patienteront

Les Britanniques veulent préserver leur territoire de la rage: les chiens, les chats et les autres animaux seront toujours mis en quarantaine et patienteront six mois avant de poser une patte de l'autre côté de la Manche.

**Ouest-France
24–25 décembre, 1992**

Translation Notes/New Words

1 lever to remove, lift; **balayer** to sweep away; **les marchandises** (*f*) goods; **brusquement** suddenly; **le dossier** matter, file; **boucler** to settle; **régler** to settle; **voire** or even.

2 prendre de l'avance to take the lead; **tout** any; **des SICAV (Société d'Investissement à Capital Variable)** unit trusts; **moyennant une déclaration** on condition that you declare it; **les services fiscaux** tax authorities; **à partir de** starting from; **n'importe quel** any (*lit* no matter which); **pourra** (*fut* of **pouvoir**) will be able to.

3 la monnaie unique single currency; **prévoir** (*irreg*) to make provision for; **arriver à** to succeed in; **souscrire** (*irreg*) to take out (insurance); **où bon vous semblera** wherever you wish; **s'appliquer** to apply; **l'incendie** (*m*) fire.

4 faute de in the absence of; **l'entente** (*f*) agreement; **la politique** policy; **disparaître** (*irreg*) to disappear; **seuls les bagages** only luggage; **pourvu que** (*+subj*) provided that; **à quelques exceptions près** with a few exceptions; **emporter** to take with one.

5 **chacun** everyone; **désormais** from now on; **le lieu** place; **les inactifs** non-working population; **le/la retraité(e)** pensioner; **la liberté d'établissement** freedom to set up/settle; **la prestation de services** provision of services; **la reconnaissance** recognition; **s'attendre à** to expect; **pour autant** for all that; **important** large; **le barrage** barrier.

6 **rouler** to drive; **le phare** (*m*) headlight; **dès** as from; **par contre** on the other hand; **le pot catalytique** catalytic converter; **le permis de conduire** driving licence; **d'ici là** until that time; **au bout d'un an** after one year; **patienter** to wait; **la rage** rabies; **mettre en quarantaine** to quarantine; **poser une patte de l'autre côté de la Manche** to set a paw on the other side of the Channel.

Explanatory Notes

43 Dates and Expressions of time

le 1er (premier) janvier is, of course, the 1st January, but do remember that, with the exception of the *first* day of each month, the French use the cardinal numbers to express the date, i.e. they say 'the *two* January', 'the *three* February', etc.:

le deux janvier	the 2nd January
le trois février	the 3rd February
le sept mars	the 7th March
le vingt et un avril	the 21st April

When just talking about the months themselves, we use *en*:

en mai	in May
en juin	in June

You will also meet *au mois de*:

au mois de juillet	in (the month of) July
au mois d'août	in (the month of) August

Other useful expressions you'll need to know are:

à partir du 22 septembre	starting from the 22nd September
dès le 23 octobre	starting from the 23 October
depuis (le mois de) novembre	since November
du 24 au 27 décembre	from the 24th to the 27th December

Examples taken from the text:

A partir du 1ᵉʳ janvier, n'importe quelle banque étrangère pourra s'installer en France.
From the 1ˢᵗ January, any foreign bank will be able to open up in France.

Depuis le 1ᵉʳ juillet 1990, tout citoyen français peut placer son argent en Angleterre, en Allemagne ou dans un autre pays de la Communauté.
Since the 1ˢᵗ July 1990, any French citizen has been able to deposit his/her money in England, Germany or any other country in the European Community.

Les phares blancs, qui équipent déjà les voitures anglaises et allemandes, seront autorisés, dès le 1ᵉʳ janvier, sur les voitures françaises.
White headlights, already fitted to English and German cars, will be permitted on French cars as from 1ˢᵗ January.

Before we leave this subject, make a note of these additional expressions of time taken from the text:

Au plus tôt le 1ᵉʳ janvier 1997.
The 1ˢᵗ January at the earliest.

Au plus tard le 1ᵉʳ janvier 1999.
The 1ˢᵗ January at the latest.

... dans les mois, voire les années qui viennent.
... in the months, or perhaps even years to come.

D'ici là, il faudra continuer à échanger son permis de conduire au bout d'un an.
Until then, we'll have to continue to exchange our driving licences after a year.

44 Future tense after conjunctions of time

Conjunctions which refer to time are followed by the future tense when we're actually talking about the future. Study these conjunctions:

quand	when
lorsque	when
dès que	as soon as
aussitôt que	as soon as
après que	after
tant que	as long as
tout le temps que	as long as

Compare:

> **Quand je suis en France, j'en profite pour visiter tous les musées de Paris.**
> When I am in France, I take the opportunity of visiting all the museums in Paris.

> **Quand je serai en France, j'en profiterai pour visiter tous les musées de Paris.**
> When I am in France, I'll take the opportunity of visiting all the museums in Paris.

45 The future perfect tense

You use the future perfect when you want to express 'will have' (+ past participle), for example:

> **J'aurai signé le contrat avant trois heures.**
> I'll have signed the contract by three o'clock.

Note also that the future perfect tense is used after conjunctions of time when they refer to completed action in the future:

> **Aussitôt que la banque anglaise pour laquelle il travaille aura ouvert des filiales en France, il demandera son transfert.**
> As soon as the English bank he works for has opened branches in France, he'll ask for a transfer.

46 Tenses after *si* (if, whether)

Students are often uncertain about the tense to use after *si* and, yet, French and English are alike in this respect. Consider the following:

Present tense

> **Si les Britanniques veulent préserver leur territoire de la rage, les animaux qui viennent de l'autre côté de la Manche devront être mis en quarantaine.**
> If the British want to protect their territory from rabies, animals coming from the other side of the Channel will have to be put in quarantine.

Imperfect tense

> **S'il n'y avait pas le barrage des langues et des cultures, les Quinze s'entendraient peut-être mieux.**
> If there weren't the language and culture barrier, the 'Fifteen' would perhaps get on better.

Pluperfect tense

Si vous aviez acheté des SICAV plus tôt, vous auriez augmenté votre capital.
If you had bought some unit trusts sooner, you would have increased your capital.

The future and conditional tenses are found after *si* only in the meaning of 'whether':

Future tense

Je ne sais pas si les bagages pourront circuler librement.
I don't know whether luggage will be able to move freely.

Conditional tense

Je ne sais pas si, dans ce cas-là, les taxes seraient payables en France ou en Angleterre.
I don't know whether, in that case, the taxes would be payable in France or England.

47 The little word *y*

In this lesson's text we saw:

A partir du 1er janvier prochain, n'importe quelle banque étrangère pourra s'installer en France et y proposer ses services.
. . . and offer its services there.

a) So, one of the basic meanings of *y* is 'there'. Here's another example:

L'Italie est un beau pays, mais je n'y suis jamais allé.
Italy is a beautiful country, but I've never been there.

b) *Y* can also mean 'to it', 'to them':

Avez-vous ajouté les détails de l'assurance-automobile au dossier?
Have you added the details of the car insurance to the file?

Oui, j'y ai ajouté aussi le nom et l'adresse de la personne blessée.
Yes, I've also added the name and address of the injured person to it.

The important thing to remember is that *y* replaces a word or an idea introduced by *à* (see *French In Three Months* §66). Here are some more examples:

Avez-vous pu résister à la tentation?
Were you able to resist the temptation?
Non, je n'ai pas pu y resister.
No, I couldn't resist it.

Vous intéressez-vous au traité de Maastricht?
Are you interested in the Maastricht Treaty?
Non, je ne m'y intéresse pas du tout.
No, I'm not interested in it at all.

c) Here are some idiomatic uses of *y*:

Je n'y suis pour rien!
It's got nothing to do with me.

Ça y est, l'Europe a levé ses frontières.
That's it, Europe has removed its borders.

Elle s'y connaît en ordinateurs.
She's an expert on computers.

Venez manger un jour chez nous.
Come and have a meal with us some time.
Je n'y manquerai pas.
I certainly will (*lit.* 'I won't fail in it').

A final word about the use of *y*: it normally refers to things, not people, so:

Je ne m'y fie paas.   I don't trust it.
Je ne me fie pas à lui.   I don't trust him.

48 Idiomatic expressions (a visit to the circus)

This lesson's text spoke of *la quarantaine* and mentioned that *les chiens, les chats et les autres animaux* will have to wait six months before being allowed to enter Britain. It occurs to us that animals figure in a number of French expressions that should form part of your active vocabulary. Make your conversation more picturesque by occasionally using some of the following:

Lion

c'est toujours le même qui se réserve la part du lion
it's always the same person who takes the lion's share

Tigre

être jaloux comme un tigre
to be extremely jealous

Ours

il ne faut pas vendre la peau de l'ours avant de l'avoir tué
don't count your chickens before they're hatched

Girafe

peigner[1] la girafe (*fam*)
to waste one's time

Eléphant

être comme un éléphant dans un magasin de porcelaine
to be like a bull in a china shop

Chien

mener une vie de chien
to lead a dog's life

vivre comme chien et chat
to lead a cat and dog life

il fait un temps de chien
the weather's awful

Chat

appeler un chat un chat
to call a spade a spade

avoir un chat dans la gorge
to have a frog in one's throat

avoir d'autres chats à fouetter[2]
to have other fish to fry

chat échaudé[3] craint[4] l'eau froide
once bitten, twice shy

Cheval

monter sur ses grands chevaux
to get on one's high horse

être à cheval sur ...
to be a stickler for ...

c'est son cheval de bataille
it's his/her hobby-horse

---

[1]to comb   [2]to whip   [3]scalded   [4]fears

Loup

mettre le loup dans la bergerie[5]
to put the cat among the pigeons

avoir une faim de loup
to be able to eat a horse

se jeter dans la gueule[6] **du loup**
to put one's head in the lion's mouth

quand on parle du loup, on en voit la queue[7]
speak of the devil (and he'll appear)

Poule

tuer la poule aux œufs d'or
to kill the goose that lays the golden eggs

se coucher avec les poules
to go to bed early

avoir la chair[8] **de poule**
to have goosepimples

Clown

faire le clown[9]
to act the goat

Practice 28

Reply to these questions but study the new words first.

New Words:

un pas en avant a step forward; **au sein de** within; **toujours** still.

---

1 Pourquoi l'auteur a-t-il choisi l'expression "l'Europe lève ses
frontières"?
2 Pourquoi peut-on dire que "l'Europe de l'argent a pris de
l'avance"?

[5]sheep pen [6]mouth (animal) [7]tail [8]flesh [9]*pronounced* 'kloon'

3 Pour les banques étrangères, pourquoi la date du 1ᵉʳ janvier 1993 représente-t-elle un pas en avant?
4 La monnaie unique existe-t-elle au sein de la CEE?
5 Quelle différence y a-t-il dans la législation lorsqu'il s'agit de souscrire une assurance-automobile ou une assurance-vie dans la CEE?
6 Pour quelle raison le contrôle des passeports aux frontières va-t-il continuer d'exister?
7 Quelles quantités de marchandises pourrez-vous emporter pour votre usage personnel?
8 Quelle est la nouveauté pour les retraités et les étudiants?
9 Pour les automobilistes, que représente la date de 1996?
10 Pourquoi est-ce que les chiens et les chats qui débarqueront en Grande-Bretagne devront-ils toujours être patients?

Practice 29

Complete the following sentences:

1 (From 1ˢᵗ January) l'Europe s'offrira un marché de 340 millions d'habitants.
2 (Since last July) tout citoyen peut placer son argent dans n'importe quel pays de la Communauté européenne.
3 (In a few days' time) vous pourrez souscrire votre assurance-vie où bon vous semblera.
4 La monnaie unique (l'écu) devrait être créée (at the earliest on 1ˢᵗ January 1997 and at the latest in 1999), mais sans certitude!
5 Les permis de conduire étrangers ne seront pas reconnus de façon permanente par les différents Etats-membres de la Communauté avant 1996. (Until then), il faudra continuer à échanger son permis (after one year), si on décide de s'installer dans un autre pays de la CEE pour de bon.
6 Il y a peu d'espoir que la Grande-Bretagne accepte de changer la législation sur la circulation des animaux domestiques (in the coming years).

Practice 30

Link the two sentences using the conjunction given. Make sure you use the right tense.

New Words:

la devise currency; **la baguette** stick of French bread; **supprimer** to remove; **afficher** to display; **parvenir à** (*irreg*) to succeed in; **percevoir** (*irreg*) **un impôt** to collect a tax; **courir** (*irreg*) to run; **soumis à** subject to; **hors taxe** duty-free.

---

1 (Tout le temps que . . .)
a) On ne parvient pas à harmoniser les systèmes fiscaux au sein de la CEE.
b) On ne réussit donc pas à percevoir un impôt européen.

2 (Aussitôt que . . .)
a) Tous les véhicules neufs ont été construits avec des pots catalytiques.
b) La pollution urbaine diminue.

3 (Tant que . . .)
a) Les pays européens ne s'entendent pas sur la politique d'immigration.
b) Leurs habitants courent le risque d'être soumis au contrôle des passeports aux frontières intérieures de la CEE pendant de nombreuses années encore.

4 (Après que . . .)
a) On supprime les frontières entre la France et le Royaume-Uni.
b) On ne prévoit* plus de visites aux boutiques hors taxe.

5 (Lorsque . . .)
a) La devise européenne est créée.
b) Les prix de la baguette ou du litre de vin doivent être affichés en écus.

---

*prévoir is conjugated like "voir" *except* for the future and conditional.

Practice 31

For each country, indicate:

a) The capital.
b) The people.
c) The currency.
d) The correct clue chosen from the list below.

1 Homère: l'Iliade et l'Odyssée.
2 "Le Songe d'une nuit d'été".
3 Le siège du Conseil des ministres de la CEE.
4 Son porto est renommé.
5 Le coq gaulois.
6 Vivaldi: les Quatre Saisons.
7 Une petite royauté de 5 millions d'habitants.
8 Cervantès: Don Quichotte de la Manche.
9 Les Vikings bloquent l'Europe en votant NON au référendum sur Maastricht.

PAYS	CAPITALE	HABITANTS	MONNAIE	SPECIFICITES NATIONALES (No.)
L'Allemagne				
La Belgique				
Le Danemark				
L'Espagne				
La France				
La Grèce				
L'Italie				
L'Irlande				
Le Luxembourg				
Le Portugal				
Les Pays-Bas				
Le Royaume-Uni				

10 Connu pour ses moulins à vent et ses faïenceries.
11 L'emblème de ce pays est le trèfle.
12 L'âme économique de la CEE.

Practice 31a

Give the capital cities of: l'Autriche, la Finlande, la Suède.

L'EUROPE DES QUINZE

Practice 32

*Listen carefully to the phone-in programme "**Le téléphone qui sonne**"
on your cassette regarding changes in the EEC from 1ˢᵗ January 1993,
and be ready to answer some questions in English. DO NOT LOOK
AT THE TEXT until you have answered the questions.*

New Words:

le cheminot railway worker; **le taux de TVA** rate of VAT; **le casse-tête** headache (*fig*); **la pièce** coin; **la fonction publique** civil service; **des hauts et des bas** ups and downs; **atteindre** (*irreg*) to achieve; **franchir** to overcome (obstacle); **en vigueur** in force; **à cet égard** in this connection.

Questions:

1 Have the twelve EEC countries achieved the objectives they had set themselves for the 1st January, 1993?

2 As from the 1st January, what is the situation regarding VAT in the EEC?

3 What is the situation regarding VAT in France in particular?

4 The ecu:
   a) What do these letters stand for?
   b) When will it come into operation?

5 Is the language barrier an insurmountable obstacle?

6 For someone thinking of looking for employment in another EEC country, what would be the situation regarding working conditions, paid holidays and social security benefits?

7 Is it true to say that, despite everything, the British will continue to go their own way?

Le téléphone qui sonne

Appel No. 1:

Bonjour Madame. Je sais que l'Europe a connu des hauts et des bas. Mais la date du 1er janvier est enfin arrivée. A votre avis, est-ce qu'on a atteint les objectifs que les Douze s'étaient fixés?

Experte:

C'est une question à laquelle il est difficile de répondre en quelques minutes. Les Etats-membres de la CEE ont travaillé très dur pour instituer la libre circulation des personnes, des marchandises, de l'argent et des services et pour harmoniser les pratiques des différents pays. Bien des dossiers sont réglés, mais il reste, néanmoins, des obstacles à franchir. C'est une question de temps et d'attitude aussi.

Appel No. 2:
Bonjour. Moi, je ne suis qu'un simple consommateur. Je voudrais savoir si le Grand Marché va nous être bénéfique à nous, les consommateurs. Par exemple, est-ce qu'il nous sera possible de bénéficier des taux faibles de TVA qui existent déjà dans certains pays? Est-ce que je ferais des économies, si j'achetais un frigidaire en Italie, un lave-vaisselle en Allemagne ou une voiture neuve en Belgique?

Experte:
Oui et non. C'est vrai qu'à partir du 1er janvier 1993, vous paierez le taux de TVA en vigueur dans le pays d'achat. Donc si le taux de TVA est moins élevé en Italie sur les frigidaires, eh bien, oui, vous ferez quelques économies sur cet article. Mais la bonne nouvelle pour nous, Français, c'est qu'on est en train d'harmoniser les taux de TVA européens et, ceci, pour éviter que vous n'achetiez vos biens de consommation chez nos voisins. A cet égard, la France a maintenant un taux moyen de TVA de 18,6% et elle a supprimé le taux majoré de 33% sur les objets de luxe. En ce qui concerne les véhicules neufs, il existe une réglementation différente de celle des frigidaires.

Appel No. 3:
Bonjour, je suis commerçant. Je voudrais vous poser une question sur l'écu. Avec l'adoption éventuelle de cette monnaie commune dans quelques années, est-ce qu'il faudra que nous, commerçants, nous affichions le prix des marchandises en écus? En voilà un casse-tête pour les consommateurs et les commerçants qui ont déjà eu tellement de mal à s'habituer au nouveau franc.

Experte:
Oui, bien sûr. A partir de 1999, l'écu qui veut dire European Currency Unit remplacera peut-être le franc français. Les commerçants devront afficher leurs prix en écus qui vaut à l'heure actuelle 7F. Mais rassurez-vous, les billets et les pièces garderont, d'un côté, leur valeur nationale et, de l'autre, la valeur en écus si, toutefois, le mot écu existe toujours, car il ne plaît pas à tout le monde.

Appel No. 4:
Bonjour. Nous sommes tous les deux retraités. Ma femme et moi, nous aimerions bien aller nous installer quelque part au soleil avec

notre fille qui, elle, est en activité. Mais, en un sens, est-ce que les barrières linguistiques ne constituent pas un énorme handicap à cette libre circulation des personnes. Moi, j'hésite quand même à partir dans un pays dont je ne parle pas la langue et, comme je n'en parle qu'une, . . . mon choix est plus que limité, n'est-ce pas?

Experte:
A mon avis, la langue n'est pas un obstacle insurmontable, surtout pour les retraités et encore moins les jeunes. Mais, pour ceux qui sont à la recherche d'un emploi, il est préférable d'avoir une bonne connaissance de la langue du pays. Bien sûr, il restera toujours des postes interdits comme, par exemple, certaines positions importantes dans la fonction publique. Mais si vous êtes professeurs ou cheminots, pas de problèmes . . . les frontières vous sont ouvertes . . . si vous avez les qualifications requises.

Je voudrais aussi vous demander de la part de ma fille des précisions en ce qui concerne les conditions de travail, les congés payés, la protection sociale etc. . . .

Experte:
C'est très simple. Vous devez suivre la législation qui existe dans le pays où vous avez choisi de travailler et ceci est valable pour la durée du travail et des congés, la sécurité sociale et les allocations familiales.

Appel No. 5:
Bonjour. Je suis, disons, "touriste" pendant la plus grande partie de mon temps. A votre avis, est-ce qu'il sera possible de mettre fin à la circulation des véhicules à gauche qui existe chez nos voisins britanniques. Comme ils sont en minorité, est-ce que la Communauté ne pourrait pas instituer la conduite à droite pour tout le monde, sans exception?

Experte:
Ce serait probablement une bonne chose, mais j'ai peur que ce changement ne coûte trop cher aux Britanniques. D'un autre côté, ils aiment aussi être différents, ils refusent l'heure européenne et ils sont certainement intransigeants en ce qui concerne la quarantaine des animaux domestiques. Donc peu d'espoir de ce côté-là de la Manche!

Practice 33

Translate back into French all the sentences referring to animals in Explanatory Note 48.

Quelques sigles importants

La CECA:	la Communauté économique du charbon et de l'acier
La CED:	la Communauté européenne de défense
La CEE:	la Communauté économique européenne
L'ECU:	European Currency Unit (Unité monétaire européenne)
La PAC:	la Politique agricole commune
Le SME:	le Système monétaire européen
L'UEM:	L'Union économique et monétaire
Le GATT:	General Agreement on Tariffs and Trade (Accord général sur les tarifs douaniers et le commerce)
L'OTAN:	L'Organisation du traité de l'Atlantique Nord
La TVA:	la Taxe à la valeur ajoutée

Lesson 7
Disneyland Paris

Introduction

La leçon de français!

Mickey   le Marsupilami

Le "management" a décidé de
me donner un nouveau
"look."

Non, tu veux dire que la
<u>direction</u> a décidé de
modifier ton <u>image</u>!

Quelques renseignements utiles

Situation: le parc Euro Disney est situé à 32 km à l'est de Paris
à Marne-la-Vallée.

Accès: par l'autoroute de l'est A4, sortie 14.
par le R.E.R, direct de la station de métro Châtelet-
Les Halles.
Durée du trajet: 40 minutes.

Parking: prévu pour 11 000 voitures.

Prix*: prix d'entrée: 225F pour les adultes et 150F pour les
enfants de moins de 12 ans (une journée plus accès à
toutes les attractions).
A partir de cet été, les prix fluctueront entre 175F
pendant la saison creuse et 250F en pleine saison. Un
billet "nocturne à Euro Disney" de 150F sera
introduit en juin. Accès entre 17 heures et 23 heures.

Hôtels:	6 hôtels (5200 chambres).
	Prix de 375F à 600F selon la saison pour une chambre pour quatre personnes.
Activités:	30 attractions, 32 boutiques, 29 restaurants, camping-caravaning, golf 18 trous, centre de loisirs etc. . . .

Prices were reduced in 1995.

Le nouveau look de Mickey

1 Pour gagner son pari, Euro Disney doit maintenant séduire les Français. C'est la mission du nouveau PDG

Plus souple, moins américaine, mieux adaptée à la culture française, la nouvelle politique commerciale de Mickey est à l'image de son futur président, Philippe Bourguignon. Le 12 avril, un an jour pour jour après l'ouverture, «Philippe», comme on dit chez Disney, succédera à «Bob». Le Français Bourguignon remplace l'Américain Fitzpatrick! Tout un symbole à l'heure où un vaste branle-bas de combat secoue le management d'Euro Disney: l'encadrement, presque exclusivement américain au départ, est aujourd'hui aux deux tiers européen. «*Yankee go home*» serait-il le mot d'ordre de Marne-la-Vallée maintenant qu'ils ont rempli leur mission? «*Absolument pas*, rétorque Philippe Bourguignon. *Sans eux, nous n'aurions jamais réussi à ouvrir. Mais il est normal de couper petit à petit le cordon ombilical.*» Officiellement Robert Fitzpatrick (qui va créer sa propre société de conseil) n'a pas

été remercié: il continuera de siéger au conseil d'administration et sera consultant auprès de Disney SA. Mais ce changement de président intervient quand même à un moment clé pour le groupe. Il est maintenant certain que le fameux objectif de 11 millions de visiteurs douze mois après l'ouverture ne sera pas atteint: «*On a pris un retard de 10% que nous n'arriverons plus à rattraper*», reconnaît le futur PDG. Au 1er septembre, Euro **2** Disney annonçait 7 millions de visiteurs en six mois. Pour le premier exercice (clos le 30 septembre), il aura perdu 188 millions de francs et les comptes devraient être encore dans le rouge cette année. La Bourse a salué l'arrivée du nouveau patron, mais le titre reste encore largement au-dessous de son cours d'introduction. Bref, le ton n'est plus au triomphalisme des débuts. «*Il y a eu des erreurs, des tâtonnements, des maladresses. C'était inévitable. On nous juge comme si* *nous avions cinquante ans d'expérience, alors que nous n'existons que depuis neuf mois*, plaide Bourguignon. *Sans renoncer à notre identité, nous devons maintenant mieux nous intégrer dans le paysage français et européen.»* En nommant ce Frenchie, le Magic Kingdom affiche donc clairement sa volonté de se défaire de cette image d'enclave américaine. On pensait que ce serait un atout. Ce fut un handicap: dans les premiers mois, les Français ne représentaient que le tiers des visiteurs.

3 Le nouveau grand manitou du parc connaît bien la maison, où il a effectué une trajectoire fulgurante. 44 ans, diplômé de l'IAE (Institut d'Administration des Entreprises), ancien président d'Accor pour l'Asie-Pacifique, il est entré chez Disney en 1988 pour s'occuper des affaires immobilières. En septembre dernier, propulsé numéro deux du groupe, il prend en charge toutes les responsabilités opérationnelles. La campagne publicitaire de Noël, c'est lui. La nouvelle politique commerciale, aussi. Objectif: séduire les Français et d'abord les voisins. Depuis deux mois, les Franciliens reçoivent dans leur boîte aux lettres des coupons qui leur donnent droit à des entrées à un tarif préférentiel: 100 francs (au lieu de 150) pour les enfants, 150 francs (au lieu de 225) pour les adultes.

4 Une stratégie qui semble avoir porté ses fruits: après un mois de novembre *«plat»*, décembre, a été *«satisfaisant»*, affirme la direction, qui ne communiquera les résultats du dernier trimestre que fin janvier. Mais on sait déjà que pendant les fêtes, la proportion d'étrangers était tombée à 40%. Les Français s'étaient sentis agressés par ce Mickey trop sûr de lui. A Philippe Bourguignon, aujourd'hui, de nous le rendre sympathique!

NATACHA TATU

© **Le Nouvel Observateur**
21–27 janvier 1993

Translation Notes/New Words

1 gagner to win; **le pari** bet; **séduire** (*irreg*) to seduce; **le PDG (président-directeur général)** Chairman and Managing Director; **souple** flexible; **la politique** policy; **l'ouverture** (*f*) opening; **tout un symbole** an important sign; **le branle-bas de combat** bustle, commotion; **secouer** to shake; **l'encadrement** (*m*) management; **au départ** at the start; **le tiers** third; **le mot d'ordre** slogan; **rétorquer** to retort; **réussir à** to succeed in; **couper** to cut; **créer** to create; **sa propre société de conseil** his own consultancy firm; **remercier** to dismiss, thank; **siéger au conseil d'administration** to have a seat on the board of directors; **auprès de** to, with; **SA (société anonyme)** = plc; **intervenir** (*irreg*) to take place; **quand même** nevertheless; **arriver à** to succeed in; **rattraper** to make up; **reconnaître** (*irreg*) to admit, recognize.

2 **L'exercice** (*m*) financial year; **clos le 30 septembre** ended 30 September; **le compte** account; **la Bourse** Stock Exchange; **saluer** to welcome; **le patron (patronne,** *f*) boss; **le titre** share, stock; **largement** greatly; **au-dessous de** below; **le cours** price, rate; **bref** in short; **le tâtonnement** experimentation; **la maladresse** mishandling; **alors que** whereas; **plaider** to plead; **renoncer à** to give up; **le paysage** scene, set up; **nommer** to appoint; **afficher** to show, display; **la volonté** wish, intention; **se défaire de** to get rid of; **l'atout** (*m*) asset; **ce fut** (*past historic of* **être**) it was.

3 **Le grand manitou** (*fam*) big boss; **effectuer** to carry out; **la trajectoire** career path; **fulgurant** lightning, dazzling; **ancien, -ienne** (*f*) former; **Accor** name of a company which incorporates several hotel chains; **les affaires immobilières** property matters; **le voisin, -ine** (*f*) neighbour; **le Francilien, -ienne** (*f*) person living in the French region of Ile-de-France, which consists of eight **départements**, including Paris; **le droit** the right, entitlement.

4 **Porter ses fruits** to bear fruit; **plat** flat, *here*: calm; **la direction** management; **le trimestre** quarter, term; **se sentir** (*irreg*) **agressé** to feel under attack; **rendre** to make; **sympathique** likeable, friendly.

Explanatory Notes

49 *Il est/c'est* (It is)

Students often have difficulty in deciding whether to use *il est* or *c'est* in a sentence; in the text we saw:

C'est la mission du nouveau PDG.
This is the mission of the new Chairman and Managing Director.

Il est maintenant certain que ...
It is now certain that ...

C'était inévitable.
It was inevitable.

You should use *il est* (or: *il était, il sera*, etc.):

a) when presenting an idea and using an adjective + *de*:

> **Il est normal de couper petit à petit le cordon ombilical.**
> It's normal to cut the umbilical cord little by little.

b) when presenting an idea and using an adjective + *que*:

> **Il est certain que l'objectif de 11 millions de visiteurs ne sera pas atteint.**
> It's certain that the objective of 11 million visitors will not be reached.

c) when referring to the time of day:

> **Il est neuf heures moins le quart.**
> It's a quarter to nine.

C'est is sometimes found in place of *il est* in a) and b) above in informal situations.

You should use *c'est* (or: *c'était, ce sera*, etc.):

a) when a noun or pronoun follows:

> **On pensait que ce serait un atout.**
> They thought it would be an asset.

> **Ces suggestions, ce sont les vôtres?**
> Are these suggestions yours?

b) when referring to an idea already mentioned:

> **Il y a eu des maladresses, il y a eu des erreurs, mais c'était inévitable.**
> Some matters were mishandled, mistakes were made, but this was inevitable.

> **Il est facile de comprendre pourquoi un Français est maintenant à la tête d'Euro Disney.**
> It's easy to understand why a Frenchman is now at the head of Euro Disney.
> **Oui, c'est facile à comprendre.**
> Yes, it's easy to understand.

c) when wishing to put emphasis on a particular part of a sentence:

> **C'est demain que la campagne publicitaire de Noël va commencer.**
> The Christmas advertising campaign is going to begin <u>tomorrow</u>.

N.B. *c'est* can also mean 'he/she is', for example:

> **C'est un/une interprète.**   He/she is an interpreter.

50 Further uses of *chez*

Chez, as of course you know, means 'at/to the house of', 'at/to the premises of'; in the text we had:

Chez Euro Disney. At Euro Disney.

But *chez* also has a wider use:

Chez nous en France on attache beaucoup d'importance à la haute cuisine.
We French attach a lot of importance to 'haute cuisine'.

Nous avons eu tous les deux la grippe. Chez moi, la période de convalescence a été beaucoup plus longue.
We both had the flu. In my case, the period of convalescence was much longer.

51 Comparatives

You're no doubt able to make comparisons in French without difficulty (see *French In Three Months, 37, 38, 41*):

La nouvelle politique commerciale est plus souple, moins américaine et mieux adaptée à la culture française.
The new marketing policy is more flexible, less American and better adapted to French culture.

But there is one aspect of the comparative form that creates problems for the English-speaking student and this is 'the more (less)' type of sentence. Study the following:

Plus on travaille, plus on gagne d'argent.
The more one works, the more one earns.

Plus les méthodes de management s'assouplissent, meilleurs sont les résultats.
The more methods of management become flexible, the better the results.

Plus on est de fous, plus on rit.
The more the merrier.

52 The Position of adjectives

You know that, in French, certain adjectives are placed in front of the noun and others are placed after:

un jeune président	a young president
un président américain	an American chairman

There is, however, a group of adjectives which change their meaning according to whether they precede or follow the noun. Study the following:

ancien, ancienne (f)

Before the noun = 'former'; after the noun = 'old', 'antique':

l'ancienne formule	the previous formula
l'histoire ancienne	ancient history

Certain

Before the noun = 'certain' (limited); after the noun = 'certain', (sure):

dans une certaine mesure	**to a certain extent**
une chose certaine	**a certainty**

Différent

Before the noun = 'various'; after the noun = 'different':

les différentes attractions	the various attractions
il faut une stratégie différente	a different strategy is needed

Même

Before the noun = 'same'; after the noun = 'very, actual':

ce n'est pas la même culture	it's not the same culture
le jour même	that very day

Pauvre

Before the noun = 'poor' (unfortunate); after the noun = 'poor' (without funds)

Le pauvre Mickey va devoir partager l'attention des visiteurs avec le Marsupilami!
Poor Mickey Mouse will have to share the visitors' attention with 'le Marsupilami'! (A famous character from a French cartoon strip.)

Propre

Before the noun = 'own'; after the noun = 'clean'

sa propre société de conseil
his/her own consultancy firm

un hôtel propre
a clean hotel

Sacré
Before the noun = 'damned'; after the noun = 'sacred'

Cette sacrée affaire!
This damned business!

un lieu sacré
a sacred place

53 The past historic tense

Did you recognize *fut*, 'was', in the text (**ce fut un handicap**) as being the past historic of *être*? You'll remember (***French In Three Months, 78,79***), that this tense is found in books, magazines and newspapers, but rarely in conversation. In his book 'Politique', François Mitterrand refers to his train journey to a prisoner-of-war camp in Germany with these words:

'L'arrêt fut prolongé. Des sentinelles vinrent ouvrir nos wagons et nous pûmes descendre en quelques minutes ... Nous arrivâmes à Weimar et nous restâmes quelques heures ...'

General de Gaulle often used the past historic in his speeches and thus a certain formality was added to the occasion. In November 1953, he ended a press conference in this way:

'De combien d'échecs fut marquée ma vie publique!'

Surprisingly, there is an expression with *fut* that you hear fairly often in *spoken* French and it's this:

Il fut un temps où ...   There was a time when ...

To finish this section, here are some of the more irregular forms of the past historic tense for recognition purposes:

écrire	**j'écrivis**	I wrote
falloir	**il fallut**	it was necessary
avoir	**nous eûmes**	we had
être	**vous fûtes**	you were
vivre	**ils/elles vécurent**	they lived

54 Inversion

There was nothing difficult about the example of inversion we had in the text:

> **'Yankee go home' serait-il le mot d'ordre de Marne-la-Vallée maintenant qu'ils ont rempli leur mission?**
> Is 'Yankee go home' likely to be the slogan in Marne-la-Vallée, now that they have accomplished their mission?

This is, of course, the most formal of the three ways of asking questions in French (see *French In Three Months*, 9) but please don't omit the pronoun (in this case *il*), as so many students do.

But inversion doesn't only occur in questions. In both French and English we say: 'no sooner had she arrived than she was invited to join the board of directors' – *'A peine était-elle arrivée qu'on l'a invitée à entrer au conseil d'administration'*. Inversion takes place when any of the following begins the sentence/clause:

> **à peine** (hardly, no sooner)
> **peut-être** (perhaps)
> **aussi** (therefore)
> **sans doute** (probably)

Examples:

> **Peut-être ont-ils été licenciés.**
> Perhaps they've been dismissed/made redundant.

> **Le mois de novembre a été plat, aussi la direction a-t-elle décidé d'introduire des tarifs préférentiels.**
> The month of November was calm, so the management decided to introduce special rates.

Do note, however, that no inversion occurs after *peut-être que* and *sans doute que*:

> **Sans doute que vous allez remettre la société sur les rails de la rentabilité.**
> You're probably going to put the company back on the rails of profitability.

Nor will inversion take place if *à peine, peut-être, (aussi)** and *sans doute* do not begin the sentence:

> **C'est peut-être un atout.**
> Perhaps it's an asset.

aussi has the meaning of 'therefore' only when it begins the clause; in other positions it means 'also'. Inversion makes the sentence sound more formal.

Finally, note also:

"Au voleur!" cria-t-il.   'Stop thief!' he shouted.
Il y a eu des erreurs, paraît-il.   There have been mistakes, it seems.

Practice 34

The following are replies to questions based on the text. What were the questions? Use inversion whenever possible.

1 Le futur président va modifier la politique commerciale en l'adaptant davantage à la culture française.

(Comment . . .?)

2 Le Français succédera à l'Américain le 12 avril, c'est à dire juste un an après l'ouverture du parc d'attractions.

(A quelle date . . . ?)

3 L'encadrement a été touché par les changements dans la mesure où, au départ, il était presque exclusivement américain et maintenant il est aux deux tiers européen.

(Dans quelle mesure . . . ?)

4 L'ancien président continuera de siéger au conseil d'administration et sera consultant auprès de Disney SA.

(Quel rôle . . . ?)

5 Six mois après l'ouverture, Euro Disney annonçait qu'ils n'avaient accueilli que 7 millions de visiteurs et qu'ils allaient perdre 188 millions de francs.

(Quel est le bilan . . . ?)

6 Parce que l'image d'enclave américaine a été un handicap et non pas un atout, comme on l'avait espéré.

(Pourquoi . . . ?)

7 Non, pas du tout. Le nouveau PDG est entré chez Disney en 1988 pour s'occuper des affaires immobilières. En 1992 il prend charge des responsabilités opérationnelles et celle de la campagne publicitaire de Noël.

Practice 35

Complete the sentences, choosing il/ce + être

> **New Words:**
>
> **le top** stroke, pip; **le jeu** game; **la barbe à papa** candy floss.

1 D'après le nouveau PDG (it is necessary to) réconcilier les États-Unis avec l'Europe en introduisant de nouveaux jeux à l'image européenne.
2 (It is obvious that) l'un des objectifs du Parc à Thèmes est d'attirer la clientèle de l'Ile de France en lui offrant des tarifs préférentiels.
3 Au troisième top (it will be exactly twelve o'clock).
4 Les changements qui consistent à remplacer le pop-corn par la barbe à papa et à célébrer les traditions européennes (these are the ideas of the new Chairman and Managing Director).
5 Vous voulez introduire des nouveautés? (It shouldn't be difficult to do.)

Practice 36

Link the two sentences, using the construction indicated and the future tense.

> **New Words:**
>
> **le rendement** output; **la file d'attente** queue (*US*: line); **s'améliorer** to improve; **accroître** (*irreg*) to increase.

a) *Plus ... plus*

Euro Disney investit sans cesse.
La Société accroît ses profits.

b) *Plus ... plus*

Les conditions de travail s'améliorent.
Le rendement est bon.

c) *Moins ... plus*

> **Les files d'attente sont longues au moment des vacances.**
> **Les enfants peuvent profiter de leur visite.**

d) *Plus ... plus*

> **La publicité pour les produits Disney est originale.**
> **Ces produits se vendent bien.**

Practice 37

Rewrite the sentences, beginning with the words underlined.

> *New Words:*
>
> **l'Hexagone** (*m*) France; **l'entretien** (*m*) interview; **escompter** to expect; **accueillir** (*irreg*) to welcome; **s'apercevoir** (*irreg*) to realize.

1 La première année 4 millions sur les 11 millions de visiteurs venus à Euro Disney étaient Français. Les 7 autres millions étaient <u>peut-être</u> Britanniques, Allemands, Italiens ...
2 L'effort pour accorder une plus grande place aux attractions européennes sera <u>sans doute</u> bien accueilli.
3 J'avais <u>à peine</u> rempli le questionnaire sur mon âge, mes diplômes, mes connaissances linguistiques, le salaire escompté qu'on m'a invité pour le premier entretien.
4 Vous vous êtes <u>sans doute</u> aperçu qu'Euro Disney est devenu l'un des plus grands employeurs de l'Hexagone.

Practice 38

With the help of your dictionary and using the clues below, find the French title for each of the following fairy tales:

1 "Ma mère-grand, que vous avez de grandes dents!"
2 C'est une marionnette espiègle. Son nez s'allonge, chaque fois qu'il ment.

3 "Miroir, ô miroir enchanté,
  Toi qui connais la vérité,
  Dis-moi, ô mon miroir fidèle,
  Suis-je bien toujours la plus belle?"
4 Le prince retrouva la jeune fille grâce à la petite pantoufle de
  verre.*
5 La méchante fée avait prédit que la jeune princesse se percerait la
  main avec un fuseau et mourrait. Elle dormit pendant cent ans.
  Un prince la réveilla en l'embrassant sur la joue.

Pantoufle de verre is the expression used in the original French version by
Perrault (1697). However, one does find in some texts the spelling *'vair'* which
means 'squirrel fur'.

Practice 39

*With the help of your dictionary, match the name of the dwarf with his
definition.*

1 Simplet   A Il est hésitant et manque d'assurance
2 Atchoum   B Il est toujours grognon
3 Grincheux   C C'est un puits de science
4 Dormeur   D Il a été piqué par la mouche tsé-tsé
5 Prof   E Il éternue sans cesse
6 Joyeux   F Il est naïf
7 Timide   G C'est le boute-en-train du groupe

Practice 40

*Cover up the French and then translate back into French all the English
examples dealing with the position of adjectives in Explanatory note 52.*

Lesson 8
La société de consommation
The Consumer Society

Introduction

La consommation des ménages ('households') est étroitement liée
('closely linked') à la situation économique et politique d'un pays.
Si l'on constate une baisse des dépenses des Français, il semble,
néanmoins, qu'ils continuent à acheter les nouveaux produits, mais
à des prix modérés dans les grandes surfaces ('hypermarkets'); ils
sont toujours à la recherche de la bonne affaire ('bargain').

Les femmes et les enfants jouent un rôle prépondérant dans
l'acquisition de ces nouveaux articles. Les uns sont en faveur de
l'équipement électroménager (micro-ondes,[1] lave-vaisselle,[2]
aspirateur sans fil,[3] lampe halogène), les autres sont attirés par les
micro-ordinateurs,[4] les disquettes, les VTT (vélos tout-terrain),[5]
etc.

En outre, l'importance accordée aux loisirs peut motiver l'achat de
produits tels que les magnétoscopes,[6] les chaînes hi-fi, les lecteurs
de disques compacts[7] ou même les caméscopes,[8] tandis que ceux
qui gèrent une petite entreprise familiale à domicile auront besoin
d'un micro-portable, d'un fax[9] ou d'un téléphone dans leur voiture.

L'I.F.O.P.* et la Sofres** sont deux instituts de sondages ('polls')
qui sont utilisés par les industriels pour tenter de mesurer l'intérêt
que le public pourrait porter à tel ou tel produit.

Les Français ont à leur disposition deux magazines pour les
conseiller et défendre leurs intérêts, à savoir ('namely') 'Que
choisir?' et '50 MILLIONS DE CONSOMMATEURS'.

1 microwave oven
2 dishwasher
3 cordless vacuum cleaner
4 microcomputer

*Institut français d'opinion publique
**Société française de sondages et d'études de marché

5 mountain bike
6 video recorder
7 CD player
8 camcorder
9 fax machine (or fax message)

Air France crée les *Prix Coup de Cœur*
pour ceux qui décident de partir sur un coup
de tête.

¹ Le consommateur fourmi

**Le Français n'est pas cigale
dans ses achats quotidiens,
il est devenu raisonnable, exigeant et intelligent.**

On soupçonnait le consommateur des années 80 d'être une cigale volage, éprise de luxe et de volupté. Celui des années 90 est devenu une fourmi. De récentes études indiquent que cette mutation s'est produite au cours des années 90. Le Credoc, organisme officiel d'analyse des courants de société, ainsi que le Cetelem, spécialiste du crédit à la consommation, ont consacré à ces évolutions une grande enquête, 2 publiée le 15 janvier. «Plus économiste qu'un économiste, déclare M. Maurice de Talansier, directeur de la coordination commerciale du 3 Cetelem, le Français des années 90 économise sur tout, accommode les restes, éteint l'électricité en quittant son domicile, fréquente assidûment les hard-discounters, privilégie les marques distributeur, les motorisations automobiles Diesel moins gourmandes et l'essence sans plomb moins taxée.» Bref, on croyait le consommateur morose, il n'est, en réalité, que devenu raisonnable, exigeant et intelligent». «Une même femme qui offre à sa progéniture des chaussures de sport de marque achètera des premiers prix sur des basiques, comme les pâtes alimentaires, le sucre ou la farine», confirme M. Michel-Edouard Leclerc, coprésident des Centres Leclerc. Achat gratifiant d'un côté, achat de nécessité de l'autre, les deux sont désormais le fruit d'un choix raisonné et soupesé. «Le panier moyen par client a baissé chez nous, précise M. Leclerc. Il est passé de 273 francs en 1991 à 258 francs en 1992. Mais, en réalité, la baisse du prix de certaines denrées alimentaires, comme les fruits ou légumes, la volaille ou la viande de porc par exemple, s'est traduite par quelques points de pouvoir d'achat supplémentaires pour nos clients.» Pingres, radins, rapaces, 3 ces Français? «Sûrement pas, affirme M. de Talansier. Ils craquent encore pour des coups de cœur, mais à condition de s'être constitué une petite cagnotte auparavant.» Témoin: la montée en flèche des ventes de vins fins en 1992, au détriment des «gros rouges»: Chez Leclerc, à Casino ou chez Nicolas, les campagnes dégustation et foires aux bons vins font un tabac. «On s'offre volontiers une bonne bouteille le dimanche avec les économies qu'on a faites en semaine sur le riz sans marque ou les yaourts en promotion», indique un caviste de Casino, rue des Belles-Feuilles dans le XVIᵉ arrondissement à Paris.

4 **P**our les loisirs, pas question de se serrer la ceinture. «Si l'on raccourcit quelquefois ses vacances, on refuse de sacrifier la sacro-sainte sortie dominicale à la campagne», explique M. Leclerc, dont les ventes de carburants ont augmenté de 4,5% l'an dernier, face à un tassement de l'alimentaire (+2%). Paradoxe: si les Français affirment se restreindre au maximum sur leurs dépenses de loisirs et de vacances selon l'enquête du Credoc, ce poste est aussi celui pour lequel 85% des foyers se déclareraient prêts à dépenser davantage, en cas de progression de leur revenu. Il passe avant l'épargne, les dépenses pour les enfants, l'habillement, le logement et l'électroménager, l'alimentation, la voiture, les soins médicaux, les soins de beauté, le tabac et les boissons ... «Les Français flambent moins, mais ils ne boudent pas», renchérit M. Olivier Montfort, directeur général adjoint de Virgin Megastore. Le magasin des Champs-Elysées affiche une progression de 20% par rapport à janvier 1992 (le coup de pouce de trois dimanches): «Lorsqu'un marché est bien animé, comme actuellement dans le disque avec la sortie presque simultanée d'un Paul McCartney et d'un Mick Jagger, les clients suivent. Ce qui est de qualité, ce qui est durable, original, authentique marche bien».

Béatrice Peyrani
Adapté du Nouvel Economiste

Translation Notes/New Words

1 **le consommateur fourmi** ant-like consumer; **la cigale** cicada (type of grasshopper). The title of this text is based on *La Fontaine's*★ fable '*La Cigale et la Fourmi*' which contrasts the meticulous and methodical activities of the ant with the carefree, unplanned life-style of the cicada; **quotidien, -ienne** (*f*) daily; **exigeant** demanding; **soupçonner** to suspect; **volage** fickle; **épris de** in love with; **la volupté** intense pleasure; **les courants de société** social trends; **ainsi que** as well as; **le crédit à la consommation** consumer credit; **l'enquête** survey.

2 **accommoder les restes** to use up the left-overs; **privilégier** to give preference to; **la marque distributeur** supermarket's own brand; **gourmand** greedy, *here*: thirsty; **l'essence** (*f*) **sans plomb** unleaded petrol; **la progéniture** offspring; **des chaussures de sport de marque** trainers with a famous name; **les premiers prix** the lowest prices; **les pâtes** (*f*) **alimentaires** pasta; **la farine** flour; **soupeser** to weigh up;

★*La Fontaine* a dépeint d'une manière déguisée les travers de la société française de son époque par l'intermédiaire des animaux. Il a su allier dans ses Fables l'art de la morale et du divertissement.

le **panier moyen** average (shopping) basket; **baisser** to fall, drop; **les denrées** (*f*) **alimentaires** foodstuffs; **la volaille** poultry; **le pouvoir d'achat** purchasing power; **pingre** (*fam*) stingy; **radin** (*fam*) tight-fisted; **rapace** grasping.

3 **craquer** (*fam*) to give in; **le coup de cœur** sudden desire for something; **la cagnotte** savings (resulting from careful spending); **auparavant** previously; **le témoin** witness, *here*: proof; **la montée en flèche** considerable increase; **les gros rouges** (*fam*) cheap red wines; **Leclerc, Casino, Nicolas** names of supermarket chains; **la dégustation (de vin)** (wine) tasting; **la foire** fair; **faire un tabac** to be a great success; **le caviste** person in charge of the wine cellar.

4 **se serrer la ceinture** to tighten one's belt; **raccourcir** to shorten; **la sortie dominicale** Sunday outing; **le carburant** fuel; **face à** faced with, *here*: compared with; **le tassement** slowing down; **se restreindre** (*irreg*) to cut down; **les dépenses** (*f*) spending; **le poste** item (budget); **le foyer** household; **l'épargne** (*f*) saving (putting money by); **l'électroménager** (*m*) household electrical appliances; **les soins** (*m*) care; **flamber** to spend extravagantly; **bouder** to sulk; **renchérir** to add (further); **le directeur général adjoint** deputy managing director; **afficher** to show; **par rapport à** compared with; **le coup de pouce** (*fam*) a bit of a boost.

Explanatory Notes

55 Agreement of the past participle (verbs conjugated with *avoir*)

A reminder:

The past participle in French must agree (gender, singular or plural) with its object, when it FOLLOWS the object. This occurs in three kinds of sentences:

a) in questions beginning with *quel* (which, what), followed by a noun:

Quels vins avez-vous achetés?
Which wines have you bought?

Quelles chaussures de sport avez-vous choisies?
Which trainers did you choose?

b) after the relative pronoun *que* (whom, which, that):

Les économistes que j'ai consult<u>és</u>.
The economists that I consulted.

La sortie dominicale qu'elle a sacrifi<u>ée</u>.
The Sunday outing which she has sacrificed.

c) after the direct object pronouns (**le, la, les**):

L'électricité? Je l'ai éteint<u>e</u>.
The electricity? I've switched it off.

Les prix? Nous les avons baiss<u>és</u>.
The prices? We've lowered them.

**Ma vignette et mon permis de conduire? Je les ai enfin
   retrouv<u>és</u>.**
My road tax and my driving licence? I've found them at last.

Note that the masculine gender overrides the feminine (but only in grammar!).

56 Homophones

In English we have many words which sound identical but which are spelt differently and have different meanings, for example:

weather/whether
draft/draught
rain/rein/reign

You won't be surprised to hear that the same situation exists in French:

vair (squirrel fur)	**seing** (signature)
ver (worm)	**cin(q)** (five)
verre (glass)	**sain** (healthy)
vers (verse; towards)	**saint** (saint)
vert (green)	**sein** (breast)

We bring this fact to your attention because confusion can easily arise and 'forewarned is forearmed' (*un homme averti en vaut deux*). By way of example, study the following short verse that every French child is familiar with; there are four homophones:

**Il était une fois
Une marchande de foi
Qui vendait du foie**

Dans la ville de Foix.
Elle se dit – 'Ma foi',
C'est la première fois
Que je vends du foie
Dans la ville de Foix.

Note: **la fois** occasion; **la foi** faith; **le foie** liver; **Foix** town in
south-west France.

57 Ce qui/ce que/ce dont/ce à quoi

Ce qui and *ce que* translate the English 'what' when it is the subject
and object of a verb:

**Ce qui m'étonne, c'est que les vacances passent avant l'habillement,
le logement et la voiture.**
What astonishes me is that holidays come before clothes, housing and
the car.

**Je sais ce que vous pensez; à votre avis, les Français sont devenus
plus raisonnables et plus exigeants.**
I know what you're thinking; in your opinion, the French have become
more reasonable and more demanding.

In the text we met:

Ce qui est de qualité, ce qui est durable, original, marche bien.
What is of high quality, long-lasting, original, sells well.

Note also that *ce qui* is used to express 'which' when it refers to an
idea, for example:

**Le Français des années 90 économise sur tout, ce qui n'est pas
surprenant, étant donné la conjoncture actuelle.**
The French person of the 90's saves on everything, which is not
surprising, considering the present economic situation.

Following on from *ce qui/ce que*, we have *ce dont* (what . . . of), for
example:

Ce dont j'ai peur, c'est le chômage.
What I am afraid of is unemployment.

Voilà ce dont nous avons besoin!
That's what we need (have need of)!

Then there's *ce à quoi* (what . . . to):

> **Ce à quoi les chefs d'entreprise doivent s'adapter, c'est le Marché unique.**
> What the heads of companies must adapt to is the Single Market.

> **Un vin fin avec un bon Camembert, voilà ce à quoi je ne peux pas résister.**
> A first-class wine with a good Camembert, that's what I can't resist.

58 Money, Money, Money . . .

From every point of view, this has got to be an important topic! We thought it would be helpful if we listed words and expressions connected with the concept of money that you hear frequently in France.

Formal		*Familiar*		*slang*
l'argent (*m*)	money	le fric	lolly	le pèze
les moyens (*m*)		le pognon	brass	le grisbi
les fonds (*m*)		les picaillons (*f*)	dough	
		l'oseille (*f*)	cash	

The slang word *'le grisbi'* was particularly fashionable in the 1950s as a result of Albert Simonin's novel *'Touchez pas au grisbi'* (which later became a successful film).

Here are some interesting expressions that will make your French sound very authentic:

When times are difficult:

être à court d'argent	to be short of money
être sur la paille	to be penniless
être fauché comme les blés (*fam*)	to be stoney-broke
avoir du mal à joindre les deux bouts	to have difficulty making ends meet
manger de la vache enragée (*fam*)	to be on hard times
tirer le diable par la queue (*fam*)	to be on one's uppers

It's probably true to say that, from time to time, everyone must:

se serrer la ceinture (*fam*)	to tighten one's belt

We've all met people who are mean with money. Here are some

words and expressions that the French often use to describe such people; some were mentioned in this lesson's text:

avare	miserly
radin (*fam*)	stingy
pingre	mean
chiche	niggardly
le grippe-sou (*fam*)	penny-pincher
l'harpagon (*m*)	'scrooge'
être près de ses sous (*fam*)	to be tight-fisted
vivre aux crochets de quelqu'un	to live off someone

Another interesting word in this connection is the verb *mégoter* (*fam*) which once meant 'to collect cigarette ends'. The more usual meaning, however, is 'to bicker over small amounts of money'. Some years ago at the EEC Summit in Athens, President Mitterrand used the word *"mégotages"* (penny-pinching), in connection with Britain's contribution to the EEC Budget.

When our financial situation improves:

rouler sur l'or	to be rolling in money
être très aisé	to be wealthy
être (plein) aux as (*fam*)	to be loaded
être bourré de fric (*fam*)	to be rolling in it
être riche comme Crésus	to be fabulously rich (as rich as Croesus)

Finally, to complete this note, we want to remind you that the French word *monnaie* usually means 'change' as in: *je n'ai pas de monnaie* (I haven't any change) or *Pouvez-vous me faire la monnaie de 500 francs?* (Can you give me change for 500 francs?) *Monnaie* can also mean 'currency' – *monnaie étrangère* (foreign currency).

59 Expressions with '*coup*'

Consult any dictionary and you'll find an enormous number of entries under the word *coup* which basically means 'knock' or 'blow'. It can also have other meanings. In the introduction/text we met:

les prix coup de cœur	very tempting prices
le coup de cœur	sudden desire for something
le coup de pouce	helping hand, boost

Here are just a few of the many expressions with *coup:*

Parts of the body

donner/recevoir un coup de pied	to kick/be kicked
donner/recevoir un coup de poing	to punch/be punched
jeter un coup d'œil	to glance, have a look
donner un coup de main	to give a helping hand
faire quelque chose sur un coup de tête	to do something on impulse

Weather

prendre un coup de soleil	to get sunburnt
prendre un coup de froid	to catch a cold
un coup de vent	a gust of wind
un coup de tonnerre	a clap of thunder

Sport

le coup d'envoi	kick-off
le coup franc	free kick
le coup bas	blow below the belt

Food and drink

boire un coup (*fam*)	to have a drink
avoir un bon coup de fourchette	to be a hearty eater
un coup de rouge (*fam*)	a glass of red wine

Emotion

un coup de foudre	love at first sight
sous le coup de la colère	in a fit of anger
avoir un coup de cafard	to have a fit of depression

Destiny

un coup de chance	stroke of luck
un coup de pot (*fam*)	stroke of luck
le coup de dé	throw of the die/dice

Communication

donner/recevoir un coup de téléphone	to make/receive a phone call
passer/recevoir un coup de fil (*fam*)	to ring/receive a phone call

To end this section, here's a well-known proverb:

faire d'une pierre deux coups
to kill two birds with one stone

Practice 41

Answer the following questions:

> *New Words:*
>
> **le comportement** behaviour.

1 Quelle est la comparaison qui est faite entre le consommateur des années 80 et celui des années 90?
2 De quelle manière les Français des années 90 essaient-ils de faire des économies?
3 Citer un exemple qui montre que les comportements des consommateurs peuvent être surprenants tout en étant raisonnés?
4 En ce qui concerne M. Leclerc, le panier moyen par client a baissé entre 1991 et 1992. Donnez les deux chiffres et écrivez-les en toutes lettres.
5 Que constate-t-on dans les supermarchés comme Leclerc, Casino et Nicolas qui prouve que les Français craquent encore pour des coups de cœur?
6 Quel changement remarque-t-on dans le domaine des loisirs?
7 Faites la liste des dépenses d'une famille française.
8 Quelle est la conclusion du directeur général adjoint de Virgin Megastore des Champs-Elysées à Paris?

Practice 42

Replace the verb in brackets by the correct form of the past participle.

> *New Words:*
>
> **le phare** headlight; **les Antilles** (*f*) West Indies; **à plat** flat.

1 On s'est acheté une bonne bouteille de vin avec les économies qu'on a (**faire**) cette semaine.

2 Ils ont quitté leur voiture en laissant leurs phares allumés. Ce n'est qu'au retour qu'ils les ont (**éteindre**). Heureusement, la batterie n'était pas encore à plat.

3 Tu l'as (**croire**) cette publicité que j'ai (**voir**) dans le journal d'hier? Il suffit, paraît-il, d'acheter un lave-vaisselle pour obtenir deux billets d'avion gratuits pour les Antilles.

4 Les nouveaux disques de Paul McCartney et de Mick Jagger qui viennent de sortir, est-ce que ses parents les lui ont (**offrir**) pour le récompenser de son succès scolaire?

5 Une fois encore, c'est l'essence, l'alcool et le tabac qui ont augmenté et, pourtant, le gouvernement les avait déjà (**taxer**) l'an dernier.

Practice 43

Complete the sentences choosing the most suitable expressions from the list given in Note 59

New Words:

le concours competition; **faste** lucky; **remporter** to take away; *here*: to win; **pile** (*fam*) on the dot of; **par la force des choses** by force of circumstances; **par-dessus le marché** into the bargain; **ne t'en fais pas** don't worry.

---

1 Chez Champion il y a toujours quelqu'un à la caisse pour nous aider à pousser les caddies et à porter nos paquets.
   – Oui, c'est très appréciable, il y a toujours quelqu'un pour nous donner un coup . . .

2 Les consommateurs d'aujourd'hui sont plus raisonnables par la force des choses et ils essaient donc de résister aux nombreuses tentations.
   – Oui, c'est vrai, ils essaient de résister en particulier aux coups . . .

3 En ce moment tout me réussit, c'est vraiment une période faste. Aujourd'hui je viens de remporter le premier prix du meilleur

slogan publicitaire pour une nouvelle marque de café, et c'était un concours à l'échelon national.

– Tu as vraiment eu un coup . . .

4 Non seulement nous avons du mal à joindre les deux bouts, mais par-dessus le marché on a des problèmes de famille, et je commence à déprimer.

    – Ne t'en fais pas! Tout va s'arranger, ce n'est qu'un mauvais coup . . .

5 Pour te changer les idées, je t'invite à voir le match de rugby France-Ecosse. Rendez-vous devant le stade à midi pile.

    – Midi, d'accord, mais à quelle heure a donc lieu le coup . . .

Practice 44: Aural comprehension

Listen carefully to the authentic radio advertisements on the cassette and then answer the following questions in English. Listen <u>before</u> looking at the printed text.

New Words:

le bilan de santé (medical) checkup; **la salade composée** mixed salad; **débrouillard** resourceful; **futé** shrewd; **se régaler** (*fam*) to have a delicious meal; **guérir** to get better (health); **valoir le coup** to be worth it.

Questions:

Advert 1
a) What product is recommended by the customer?
b) What does the customer particularly enjoy there?
c) What are the attractions mentioned by the presenter?

Advert 2
a) What is being advertised?
b) What pleasant surprises await the customers?
c) Did you recognize the two places mentioned in Paris?

Advert 3
a) What product is being advertised?
b) Mention three reasons why you should buy this product.
c) How can a paediatrician help you?

Advert 4
a) What product is being advertised?
b) What information does it contain?
c) Who recommends it?

Radio Advertisements:

Cliente 1 La première fois, je suis venue grâce à une amie.
Je pensais que le restaurant Campanile était
réservé à la clientèle de l'hôtel. Pas du tout.
Depuis, on vient assez souvent déjeuner ou dîner
avec mon mari et vraiment on se régale. Avec les
buffets Campanile, le choix est formidable. Il y a
des salades composées, les crudités de saison, du
poisson froid, euh ... des charcuteries, des
fromages et alors, le buffet dessert, hm ... .

Présentateur Déjeunez ou dînez chez Campanile; vous
apprécierez l'accueil et les prix et vous
redécouvrirez les saveurs de la cuisine
traditionnelle ... .

2 C'est la mode de dépenser mieux! Aujourd'hui,
dernier jour de cadeaux-surprise aux Galeries
Lafayettes. Exceptionnellement, aujourd'hui,
moins 15% sur tout le magasin. Vous payez avec
votre carte Galeries Lafayettes et vous profitez de
moins 15% sur la mode, la maison, la beauté, la
déco. Au mois de mai, les prix vous sourient
jusqu'à ce soir, moins 15% sur tout le magasin
sauf points rouges. C'est la mode de dépenser
mieux, aux Galeries Lafayettes, Haussmann et
Montparnasse.

3 Comment rester jeune après 40 ans?
Top Santé vous le dit. Vous prolongerez
longtemps votre jeunesse en suivant les conseils
de Top Santé. Dans Top Santé, les animaux qui
peuvent vous aider à guérir. C'est votre chien et
votre chat et Top Santé vous explique leur
utilité. Top Santé, tout ce qu'il faut savoir sur
les bilans de santé et comment en faire bon
usage. Enfin, si votre enfant est fatigué, suivez
les recommandations du pédiatre, ce mois-ci
dans Top Santé.

4 Pour prendre la France du bon côté, le Petit
Futé, un guide de 900 pages sur la France
connue et méconnue. Le Petit Futé France, les
itinéraires, de superbes petites escapades aux
quatre coins de la France; le Petit Futé, les
auberges de charme, les gîtes ruraux, les sites les
plus pittoresques et tous les petits paradis
cachés; le Petit Futé France, tous les endroits de
France qui valent vraiment le coup, le Petit
Futé, le Petit Futé France, le guide drôlement
débrouillard. Recommendé par RTL (Radio-
Télé-Luxembourg).

Practice 45: La cigale et la fourmi

*Read this fable and, with the help of your dictionary, reformulate in
French the meaning of the following words and expressions:*

1 fort dépourvue
2 Quand la bise fut venue
3 crier famine
4 Je vous paierai, lui dit-elle
   Avant l'oût,* foi d'animal
5 Nuit et jour à tout venant,
   Je chantais . . .

*Notice the spelling which is now written **août**

LA CIGALE ET LA FOURMI

La cigale, ayant chanté
   Tout l'été,
Se trouva fort dépourvue
Quand la bise fut venue:
Pas un seul petit morceau
De mouche ou de vermisseau.
Elle alla crier famine
Chez la fourmi sa voisine,
La priant de lui prêter
Quelques grains pour subsister
Jusqu'à la saison nouvelle.
Je vous paierai, lui dit-elle,
Avant l'oût, foi d'animal,
Intérêt et principal.
La fourmi n'est pas prêteuse:
C'est là son moindre défaut.
Que faisiez-vous au temps chaud?
Dit-elle à cette emprunteuse.
Nuit et jour à tout venant
Je chantais, ne vous déplaise.
Vous chantiez! j'en suis fort aise
Eh bien! dansez maintenant.

LA FONTAINE (1621–1695)

LA CIGALE ET LA FOURMI.

Lesson 9
La culture
Culture

Introduction

Une ville normande: CAEN

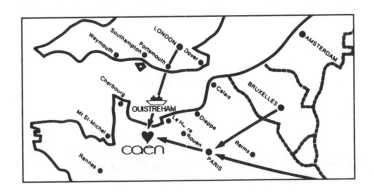

AUTOROUTE DE NORMANDIE
de Paris à Caen (240 km)
Péage: 50 F par voiture.

LIGNE SNCF PARIS/GARE SAINT-LAZARE – CHERBOURG
Environ 16 trains par jour – Trajet de 2 heures Paris/Caen
Renseignements GARE: 31.83.50.50.

AÉROPORT DE CAEN CARPIQUET
Tél.: 31.26.58.00. Lignes régulières (Brit Air) avec le Havre
Londres-Gatwick, Rennes, Lyon, Toulouse.

BUS VERTS DU CALVADOS
Tél.: 31.44.77.44 ou minitel 36.14 Bus Verts.
Correspondances avec les principales villes du Calvados à la gare
de Caen et avec les ferries à la gare maritime de Ouistreham.

CAEN/OUISTREHAM – PORTSMOUTH
Liaisons quotidiennes avec la compagnie Brittany Ferries
Tél.: 31.96.80.80 – Traversée de 6 heures.

```
CAEN: 112 846 habitants
414 ha d'espaces verts
Agglomeration: 200 000 habitants
70 hôtels – 2 400 chambres
80 trains journaliers
1er port de Basse-Normandie
95 ecoles publiques
37 ecoles privées        38 000 eleves
Université: 22 000 etudiants
10 bibliotheques
```

By kind permission of:

[i] **OFFICE DU TOURISME** – Place Saint-Pierre – 14300 CAEN
Tél. accueil : 31.86.27.65 – Professionnels : 31.86.35.76 – Direction : 31.86.78.78

CAEN

1 La ville de Caen est la préfecture du département du Calvados et la capitale de Basse-Normandie. Elle est située à 223 km de Paris et compte une population d'environ 113 000 habitants. Elle se trouve à 1h50 minutes par turbotrain de la capitale, est desservie par un aéroport à Carpiquet et bénéficie d'une ouverture sur la Manche par le canal de Caen. C'est une ville moderne qui a été reconstruite après la guerre et qui a conservé sa richesse architecturale. Elle est connue sous le nom de "la ville aux cent clochers".

L'essor de la ville de Caen remonte au 11ème siècle, époque à laquelle Guillaume le Conquérant, duc de Normandie et futur Roi d'Angleterre (Bataille de Hastings 1066) décida d'établir sa résidence préférée à Caen. Guillaume y fit construire un château qui sert aujourd' hui de lieu d'expositions et abrite le musée de Normandie et celui des Beaux-Arts. Le château est entouré de remparts qui surplombent la ville. Les deux imposantes abbayes furent aussi fondées à cette époque.

2 L'ABBAYE-AUX-HOMMES:

L'Abbaye fut commencée en 1066 par Guillaume le Conquérant et avait été édifiée au départ à l'intention des moines bénédictins.

*Pour se réconcilier avec le Vatican qui lui reprochait d'avoir épousé la princesse de Flandres, sa lointaine cousine, en 1066 Guillaume le Conquérant lance la construction de l'Abbaye-aux-Hommes. Ce chef-d'œuvre architectural frappe par l'élégance de ses lignes, mêlant l'esthétique romane, l'élan gothique et la majesté classique des logis conventuels dus à l'architecte Guillaume de la Tremblaye (XVIIIe siècle). Après la révolution, Napoléon 1er transforme l'abbaye en lycée, fonction que l'édifice conservera jusqu'en 1965, avant de devenir l'Hôtel de Ville de Caen, sans conteste l'un des plus beaux de France. Tout le monument est émaillé d'escaliers admirables, de salles grandioses et de ferronnerie d'art littéralement virtuose. L'église abbatiale Saint-Etienne, consacrée au culte catholique, abrite le tombeau de Guillaume le Conquérant.

3 L'ABBAYE-AUX-DAMES:

*L'Abbaye aux Dames, fondée par Mathilde de Flandre, épouse de Guillaume le Conquérant, fut consacrée en 1066. Les bâtiments conventuels que nous pouvons admirer aujourd'hui furent construits au XVIIIe siècle. Bâtie entre 1060 et 1080, l'abbatiale de la Trinité a été remaniée au XIIe siècle. La Reine Mathilde repose dans le chœur de l'abbatiale: on peut lire, gravée dans une dalle de granit noir, son épitaphe, qui vante sa haute lignée et sa grande piété. Embellis par un jardin à la française, les bâtiments monastiques forment un ensemble majestueux: le cloître, très comparable à celui de l'Abbaye-aux-Hommes, le grand escalier d'honneur à double volée, les fontaines du vestibule du réfectoire sont parmi les éléments les plus remarquables.

Les bâtiments conventuels de l'Abbaye-aux-Dames sont aujourd'hui le siège du Conseil Régional.

4 La Normandie avait été reprise aux Anglais en 1204 mais la ville de Caen fut de nouveau assiégée par les Anglais au cours du 14ème et du 15ème siècles, ce qui provoqua l'émigration d'une partie de la population. Ce ne fut qu'en 1450 que Charles VII, Roi de France, libéra la Normandie à la Bataille de Formigny.

La ville continuera à souffrir des guerres de religion entre Catholiques et Protestants au 16ème siècle et le tombeau de Guillaume sera même profané ainsi que les églises saccagées. Mais au 19ème et au 20ème siècles, Caen prendra de l'expansion et deviendra un centre commercial et industriel avec ses chantiers navals et son port, tout en continuant à faire rayonner sa culture et à développer son université. La fondation de cette université est l'œuvre du Roi Henry VI d'Angleterre en 1432. Elle fut entièrement reconstruite en style moderne et fut inaugurée en 1957. Elle offre aujourd'hui de nombreux stages d'été pour étudiants étrangers.

5 Une autre date historique qui restera gravée dans la mémoire de la ville de Caen est la date du 6 JUIN 1944, jour où les Alliés débarquèrent en Normandie. La Bataille de Caen dura deux mois et la ville fut pratiquement détruite. Les églises et les abbayes serviront de refuge pour protéger la population. Depuis le 6 juin 1988, jour où le musée pour la paix, le Mémorial, a été inauguré par le Président Mitterrand, Caen est devenu le symbole de la paix.

MEMORIAL: UN MUSEE POUR LA PAIX

'La douleur m'a brisée, la fraternité m'a relevée, de ma blessure a jailli un fleuve de liberté.'

*Situé au nord de la ville, le Mémorial propose un voyage à l'intérieur du XXᵉ siècle, avec la caution des meilleurs spécialistes en histoire contemporaine. Le Mémorial invite à une réflexion sur l'origine de la Seconde Guerre Mondiale, sur la mobilisation de l'économie en temps de guerre et aussi sur le totalitarisme et la fragilité des démocraties. Pour cela, le Mémorial fait appel aux techniques les plus modernes de la communication: télématique, vidéo-disque, spectacles audiovisuels sur écran géant . . . C'est un lieu vivant qui propose différents services: un centre de documentation, un jardin d'enfants, un service éducatif, un restaurant, une boutique . . .

Les travaux pour la réalisation du Musée furent commencés en 1986 en présence du Premier ministre de l'époque, Jacques Chirac.

A l'extérieur du Musée sont alignées douze pierres, gravées d'un message de paix, représentant les pays qui ont participé à la guerre.

La pierre française porte l'inscription suivante:

> "JE SUIS NE POUR TE CONNAITRE
> POUR TE NOMMER
>
> LIBERTE"
>
> FRANCE   PAUL ELUARD
>   1942

Paul ELUARD: Poète français (1895–1952). Il fut un des poètes de la Résistance.

6 En plus de ses nombreux chefs-d'œuvre architecturaux souvent construits en pierre de Caen, pierre de taille blanche qui a été exportée au 11ème siècle en Angleterre pour la construction de la Tour de Londres, Caen est aussi renommée pour la recette des tripes à la mode de Caen. Le calvados, alcool de pommes, est omniprésent dans les recettes de cuisine normandes. Bien que la tradition du café arrosé de "calva" ait tendance à disparaître, sauf peut-être encore dans les campagnes, aujourd'hui, l'usage veut que l'on serve le calvados à la fin du repas en guise de digestif ou bien au milieu en "trou normand" (nature ou sous forme de sorbet parfumé au calvados).

> *"Bois peu*
> *mais bon!"*
>
> *Devise*
> *des Chevaliers*
> *du Trou Normand*

La ville de Caen est jumelée avec Portsmouth en Angleterre.

*Taken from a leaflet published by:

 OFFICE DU TOURISME – Place Saint-Pierre – 14300 CAEN
Tél. accueil : 31.86.27.65 – Professionnels : 31.86.35.76 – Direction : 31.86.78.78

138

Translation Notes/New Words

1 **la préfecture** administrative headquarters for the *département*; **compter** to have, to count; **environ** about; **desservir** to serve; **le clocher** church tower, steeple; **l'essor de la ville remonte au 11ème siècle** the development of the city dates back to the 11th century; **Guillaume le Conquérant** William the Conqueror; **fit** (*past hist of faire*) **contruire** had built; **abriter** to house, to shelter; **le musée des Beaux Arts** the Museum of Fine Arts; **entouré de** surrounded by; **surplomber** to overhang; **fonder** to found.

2 **(L'Abbaye) avait été édifiée au départ à l'intention des moines bénédictins** (The Abbey) was built initially for the Benedictine monks; **reprocher** to reproach; **sa lointaine cousine** his distant cousin; **le chef-d'œuvre** masterpiece; **frapper** to strike, amaze; **mêler** to combine; **roman** Romanesque; **les logis conventuels** monastery (or nunnery); **dus à** designed by (*lit* due to); **le lycée** secondary school; **fonction que l'édifice conservera jusqu'en 1965** a function that the building was to keep right up till 1965; **l'Hôtel de Ville** Town Hall; **émaillé de** filled with; **l'escalier** staircase; **la ferronnerie d'art** wrought ironwork; **virtuose** *here*: superb; **consacrer** to dedicate, to consecrate; **le culte catholique** the Catholic form of worship.

3 **l'abbatiale** (*f*) abbey church; **remanier** to modify; **reposer** to lie (buried); **le chœur** choir, chancel; **gravée dans une dalle de granit noir** engraved in a slab of black granite; **vanter** to praise; **la lignée** lineage; **le jardin à la française** formal garden, one laid out geometrically; **le cloître** cloister; **l'escalier d'honneur** grand staircase; **la volée** flight; **le vestibule** hall; **le réfectoire** refectory dining hall; **le siège** head office; **le Conseil Régional** Regional Council.

4 **La Normandie avait été reprise aux Anglais en 1204** Normandy was recaptured from the English in 1204; **de nouveau** again (anew); **assiéger** to besiege; **libérer** to free; **profaner** to desecrate; **... ainsi que les églises saccagés** ... and (*lit* as well as) the churches were pillaged; **le chantier naval** shipyard; **tout en continuant à faire rayonner sa culture** while continuing to spread the influence of its culture; **l'œuvre** (*f*) work; **le stage** course, training period.

5 **La paix** peace: the following quotation appears on the *façade* of the Memorial Museum: "**La douleur m'a brisée, la fraternité m'a relevée, de ma blessure a jailli un fleuve de liberté.**" Pain broke me, brotherhood raised me up, from my wound flowed a river of liberty; **la caution** help, support, guarantee; **faire appel à** to call on; **la télématique** combination of computers and telecommunication networks; **un écran géant** giant screen.

6 **en plus de** in addition to; **la pierre de taille** freestone; **renommé pour** renowned for; **la recette** recipe; **café arrosé de 'calva'** coffee laced with calvados; **en guise de digestif** by way of liqueur; **le trou normand** glass of calvados drunk in the middle of a meal **nature** neat, with nothing added; **la devise** motto; **le chevalier** knight; **jumeler** to twin.

Explanatory Notes

60 The subjunctive (Part 1)

Did you spot the two subjunctives in the text? They were:

> **Bien que la tradition ... ait tendance à disparaître ...**
> Although the tradition ... has a tendency to disappear ...

> **... l'usage veut que l'on serve le calvados à la fin du repas ...**
> ... custom requires that the calvados be served at the end of the meal ...

Of course, you'll already have studied the subjunctive in your previous textbooks (*French In Three Months*, *82*), but as so many students still seem uncertain about this important aspect of French grammar (its correct use is, after all, the hallmark of an educated speaker), we thought it would be helpful to remind you of the main occasions on which it is used.

The subjunctive must be employed after:

a) verbs expressing a wish, for example:

je veux (voudrais)	
il/elle souhaite	
nous désirons	**que Caen <u>devienne</u> un centre**
vous préférez	**commercial**
ils/elles aiment mieux	

b) verbs/expressions denoting regret:

je regrette	que le quartier <u>ait</u> été
nous sommes désolés	détruit lors des
ils/elles sont navré(e)s	bombardements de la Seconde
il est dommage	Guerre mondiale

c) verbs denoting a suggestion:

je suggère	que la Tapisserie de la
nous proposons	Reine Mathilde à Bayeux qui
	illustre la conquête normande
	<u>fasse</u> partie de notre
	excursion

d) verbs/expressions denoting doubt:

je doute	que le Premier ministre
il/elle ne croit pas	<u>veuille</u> retarder la pose de
nous ne pensons pas	la première pierre[1] du nouvel
ils/elles ne sont pas	hôpital
certain(e)s	

e) expressions denoting anger:

je suis fâché	que la municipalité[2] <u>soit</u>
il/elle est mécontent(e)	d'accord pour construire une
nous sommes furieux	piscine dans le quartier des
	hôtels particuliers[3]

f) verbs/expressions denoting pleasure:

je me réjouis	
il/elle est ravi(e)	que vous <u>puissiez</u> venir
nous sommes contents	visiter les plages du
ils/elles sont heureux(-euses)	débarquement[4] cette année

g) verbs/expressions denoting fear:

j'ai peur	que notre ville ne <u>prenne</u> trop
nous craignons	d'expansion et ne <u>perde</u> son
	cachet[5] ancien

---

[1]the laying of the foundation stone [2]town council [3]private mansion [4]allied landings [5]character

h) verbs/expressions denoting surprise:

je m'étonne	**que vous ne <u>sachiez</u> pas que le**
nous sommes étonnés	**Mémorial est un musée pour**
ils/elles sont surpris(es)	**la paix**

You must also remember to use the subjunctive after certain conjunctions, namely:

Condition

à condition que	on condition that
pourvu que	provided that
à moins que★	unless

Purpose

pour que	in order that, so that
afin que	in order that, so that

Time

jusqu'à ce que	until
avant que★	before

Caution

de peur que★	for fear that, lest
de crainte que★	for fear that, lest

Concession

quoique	although
bien que	although

Those conjunctions above marked with ★ require *ne* before the verb.

Examples:

A condition qu'il y ait un jardin d'enfants, je veux bien visiter le Musée avec mes deux petits-fils.
On condition that there's a kindergarten, I'm willing to visit the Museum with my two grandsons.

J'ai téléphoné d'abord, de peur que nous ne trouvions personne à la maison.
I telephoned first, for fear that we might find no-one at home.

61 Prepositions (Part 1)

In this lesson's text we met a number of prepositions; sometimes the preposition came as no surprise, for example:

La ville est desservie par un aéroport à Carpiquet.
The town is served by an airport at Carpiquet.

Caen a été reconstruite après la guerre.
Caen was rebuilt after the War.

And sometimes the preposition was a little unexpected:

Le château est entouré de remparts.
The château is surrounded by ramparts.

La Normandie a été reprise aux Anglais en 1204 . . .
Normandy was taken back from the English in 1204 . . .

Les églises et les abbayes serviront de refuge pour protéger la population.
The churches and the abbeys were later to serve as a place of refuge to protect the population.

It occurs to us therefore that, as it's the prepositions that create most problems, no matter which language you're studying, we should devote some time to these troublesome little words. We think it will be more helpful if we look at some English prepositions and see how they can be translated into French:

About
When meaning 'approximately' = *environ*:

about 125,000 inhabitants   **environ 125.000 habitants**

When referring to the time of day = *vers*:

The train will arrive at Caen at about 6 pm.
Le train arrivera à Caen vers 6 heures du soir.

In the sense of 'concerning' = **au sujet de, sur**:

I'd like to buy a book about Normandy.
Je voudrais acheter un livre sur la Normandie.

Beside
No problem here, always *à côté de*:

The underground car park is just beside the library.
Le parking souterrain est juste à côté de la bibliothèque.

Don't confuse 'beside' with:

Besides = *en plus de*:

> Besides the abbey, we have visited the cathedral and three churches.
> **En plus de l'abbaye, nous avons visité la cathédrale et trois églises.**

By

Normally *par*, but when it means 'to the extent of' = *de*:

> By how much have the prices increased?
> **De combien les prix ont-ils augmenté?**

When 'by' is used to measure something = *à*

> We only sell this wine by the bottle.
> **Nous ne vendons ce vin qu'à la bouteille.**

When meaning 'near' = *près de*:

> We spend our holidays by the sea.
> **Nous passons nos vacances près de (*or* au bord de) la mer.**

Note also:

> I know him by sight. **Je le connais de vue.**
> We know them by reputation. **Nous les connaissons de réputation.**

For

Pour, of course, but when it means 'during' and refers to the past, 'for' = *pendant*:

> She walked for two hours through the pedestrianized streets of the antiques quarter.
> **Elle s'est promenée pendant deux heures dans les rues piétonnes du quartier des antiquaires[6].**

It is possible to omit *pendant* in the above sentence.

When the action is still continuing in the present, 'for' = *depuis*.

> We've been waiting here for an hour.
> **Nous attendons ici depuis une heure.**

[6] (*m/f*) antiques dealer

From

Notice how the French use various prepositions to express the English 'from' in the following sentences:

I took the passport from the suitcase.
J'ai pris le passeport <u>dans</u> la valise.

We'll take the invoices from your desk.
Nous prendrons les factures <u>sur</u> votre bureau.

Take the 200 franc note from under the pile of magazines.
Prenez le billet de 200 francs <u>sous</u> la pile de magazines.

Learn also that 'to take' (*prendre*), 'to borrow' (*emprunter*), 'to steal' (*voler*), 'to buy' (*acheter*), 'to hide' (*cacher*) something <u>from</u> someone is translated by *à*:

They borrowed a thousand francs from their parents.
Ils ont emprunté mille francs à leurs parents.

She hid the bad news from her mother.
Elle a caché la mauvaise nouvelle à sa mère.

62 The future tense

There were a number of future tenses in the main text which, perhaps surprisingly, referred to the past. This use of the future expresses what was to happen later:

Caen prendra de l'expansion et deviendra un centre commercial et industriel.
Caen was later to expand and to become a trade and industrial centre.

Another point to note about the future is that it sometimes implies probability, for example:

Quelqu'un frappe à la porte.
Someone's knocking at the door.
– Oui, ce sera ma belle-soeur.
– Yes, it's probably my sister-in-law.

Votre beau-frère n'est pas encore arrivé.
Your brother-in-law hasn't arrived yet.
– Non, il aura été retardé dans un embouteillage.
– No, he's probably been delayed in a traffic jam.

63 Pronunciation (Part 1)

We have assumed throughout this course that your pronunciation of French is fairly good and, for this reason, we haven't referred to this important subject until now. We do feel, however, that there's no point in having a large vocabulary and an extensive knowledge of grammar if, when you speak French, you're sometimes not immediately understood, simply because you're mispronouncing certain words.

We propose now, and in the next lesson, to look more closely at those <u>difficult</u> sounds and those <u>unexpected</u> pronunciations that could result in a misunderstanding. We know from experience that it's often the <u>nasal sounds</u> which create the most problems and we're going to discuss these now. To begin with, we hope that you're distinguishing clearly between Caen and Cannes – two very different sounds (and places!); Caen rhymes with **dans** (nasal sound) and Cannes with Anne (no nasal sound).

You'll remember that there are four nasal sounds in all and they are all contained in this sentence:

Un bon vin blanc

One thing is certain: if you confuse these nasal sounds, there will be total bewilderment on the part of your audience. Just compare the following for a moment:

bon (good)	**bain** (bath)	**banc** (bench)
don (gift)	**daim** (suede)	**dent** (tooth)
long (long)	**lin** (linen)	**lent** (slow)
mon (my)	**main** (hand)	**ment** (lies)
son (sound)	**sain** (healthy)	**sang** (blood)
ton (tone)	**teint** (complexion)	**temps** (time)
vont (they go)	**vin** (wine)	**vent** (wind)

Here are five words, taken from this lesson's text, which include several nasal sounds, all perfectly straightforward:

<u>environ</u> <u>intention</u> <u>imposant</u> <u>expansion</u> <u>continuant</u>

But there are some <u>unexpected</u> pronunciations! Study the following:
The '*en*' in the words *examen* (examination), *agenda* (diary), *consensus* (consensus) and *benjamin* (youngest son) sounds like the '*in*' in *vin*.

You must also make sure that you differentiate between the sound of *U* in *VU* and *OU* in *VOUS*. Remember that you can produce a perfect *U* by rounding your lips and saying 'ee'. Compare:

bu (drunk)	**boue** (mud)
jus (juice)	**joue** (cheek; plays)

lu (read)	**loue** (hires)
pu (been able)	**pouls** (pulse)
rue (street)	**roue** (wheel)
sur (on)	**sourd** (deaf)
tu (you)	**toux** (cough)

Note also that the last syllable of the words *démocratie* and *diplomatie* (i.e. *-tie*) is pronounced like the word *si*; the same 'ss' sound appears in *potentiel* and *consortium*. Finally, remember that the 't' in *granit* is sounded, as it is in *déficit* and *dot* (dowry) and that the 'f' in *chef-d'œuvre* (masterpiece) is silent.

Practice 46

Are the following sentences vrai ou faux? If faux, correct the statement.

New Words:

le parent (-e, *f*) relative; **l'isolement** (*m*) isolation; **la truite** trout.

---

1 Le dynamisme de la ville de Caen est en régression à cause de son isolement géographique.
2 Caen est parfois appelée 'la ville sans clochers'.
3 La construction du château et la fondation des deux abbatiales datent du 11ème siècle.
4 Guillaume fit édifier l'Abbaye-aux-Hommes à l'intention des moines bénédictins pour se faire pardonner par Rome d'avoir épousé une vague parente en la personne de Mathilde, princesse de Flandres.
5 Au cours des siècles, l'Abbaye-aux-Hommes a servi successivement de lycée et de motel.
6 Le corps de la Reine Mathilde repose dans le chœur de l'abbatiale de la Trinité où on peut lire son épitaphe.
7 La Normandie fut libérée des Anglais en 1415 par le Roi Charles VII à la bataille de Formigny.
8 Les Alliés débarquèrent en Normandie le 6 juin, 1944.
9 Il a fallu deux ans pour réaliser la construction du Mémorial, musée pour la paix, inauguré par le Président Mitterrand en 1988.

10 Caen est particulièrement connue pour ses richesses
architecturales mais aussi pour la recette des truites à la mode
de Caen.

Practice 47

Put the verbs in brackets into the correct form of the subjunctive.

> *New Words:*
>
> **le cimetière** cemetery; **les horaires** (*m*) times, schedule; **donner sur**
> lead on to, look over; **donner quartier libre** to allow to be free (for a few
> hours); **flâner** to stroll **s'astreindre** (*irreg*) to force oneself; **au fond** at
> the back.

La visite guidée

Guide	Premier arrêt! Durée 30 minutes. Eglise Saint-Pierre. Nous allons nous arrêter ici pour visiter l'Eglise Saint-Pierre. Je voudrais que vous (faire) attention à ne pas perdre le groupe de vue, et j'aimerais aussi que vous (s'astreindre) à respecter les horaires. Pour que vous (savoir) vous retrouver, je suggère que vous (sortir) par la porte au fond à droite qui donne sur la place Saint Pierre. Vous aurez en même temps une superbe vue sur le clocher gothique.
Touriste	Nous sommes désolés que vous ne (pouvoir) pas nous accorder un peu de temps libre pour flâner sur les remparts du château.
Guide	A condition que vous (être) revenus à sept heures précises devant l'Université, juste au pied de la sculpture du Phénix, je vous donne quartier libre maintenant.

Plus tard . . .

Guide	Alors, comment avez-vous trouvé le Musée de Normandie? Je suis ravi que vous (avoir) apprécié les collections d'objets anciens qui illustrent les traditions populaires normandes.
	Demain, pour le circuit des Plages du Débarquement,

départ huit heures, l'excursion sera très longue: nous visiterons Arromanches, le cimetière américain de Saint-Laurent, Utah Beach ... et j'ai bien peur qu'on ne (revenir) de nuit.

Touriste   C'est normal, après tout, c'était 'le jour le plus long'!*

Practice 48

Pronunciation

How sharp is your ear? Listen to the cassette and write 1, 2 or 3 underneath each word as you hear it.

a) bon   bain   banc
b) mon   main   ment
c) ton   teint   temps
d) jus   joue
e) rue   roue
f) tu   toux
g) son   sain   sang
h) pu   pouls

Practice 49

Take part in this conversation between a local French farmer and a British tourist in Normandy. But, first, the new words:

New Words:

le lien link; **le trajet** trip; **le différend** difference, quarrel; **les témoignages** (*m*) evidence; **l'étape** (*f*) stop; **se régaler** to have a delicious meal; **dépeindre** (*irreg*) to depict; **faire** (*irreg*) **du cyclotourisme** to be on a cycling holiday.

---

*This is a reference to the American film 'The Longest Day' which tells the story of the Normandy landings.

Fermier	**Bonjour, Madame, vous cherchez quelque chose?**
Touriste	Yes, we've lost our way, as usual. We've just got off the ferry at Ouistreham, near Caen. Actually, we're on a cycling holiday.
Fermier	**Quel courage! La Normandie à bicyclette. Vous découvrirez ainsi tous les sites cachés ... et les coutumes locales de la population. Mais pourquoi la Normandie?**
Touriste	Well, there are of course our historical links, and in spite of our occasional differences, France remains our closest neighbour, especially for a cyclist.
Fermier	**C'est vrai que vous retrouverez partout en Normandie des témoignages, des liens et des différences qui ont existé entre les deux pays au cours des siècles. En plus, la France est très facile d'accès pour les touristes anglais ... Vous connaissez déjà le pays?**
Touriste	Yes, we were in the Caen region last year. We visited the two Abbeys, the Museum of Fine Arts and the beaches where the Normandy landings took place fifty years ago.
Fermier	**Et maintenant vous prenez la route pour Bayeux? C'est à environ trente kilomètres d'ici.**
Touriste	Yes, we want to visit Queen Matilda's Tapestry at Bayeux which depicts the Norman Conquest. Everyone says it's a superb masterpiece. We'll stay overnight and no doubt have a delicious meal in a restaurant.
Fermier	**Je comprends. Vous aurez certainement besoin d'énergie pour le reste du trajet. Quelles sont les autres étapes que vous avez prévues?**
Touriste	The first stop will be in Coutances. We hope to arrive on time to attend a concert in the Cathedral and walk through the illuminated *Jardin Public*.
Fermier	**Demain c'est jour de marché à Coutances. Si ça vous intéresse, vous pourrez déguster les produits de la région. Je pense au fromage 'le Coutances', par exemple.**
Touriste	Yes, excellent idea. Later, we'll be following the coast down to Granville where we're meeting up with some friends who are arriving from Jersey.
Fermier	**Ah, oui. Granville, la 'Venise du Nord', comme on l'appelle modestement dans la région. Par temps clair, vous pouvez faire signe à vos compatriotes sur les côtes jersiaises ... Et votre destination finale, c'est où?**

Touriste Probably Mont Saint-Michel, if the wind blows in the right direction! We were hoping to see the Abbey surrounded by water, but I understand that only happens on days of high tide.

Fermier **C'est exact, mais c'est de plus en plus rare. En attendant cette 'marée du siècle', vous aurez certainement le temps de découvrir les mystères de l'Abbaye et de devenir spécialistes de la gastronomie normande ... Allez, au revoir et bonne route!**

Fromagerie de Coutances - Le Pont de Soulles - 50200 Coutances

Practice 50

*For the more adventurous among you, here's a recipe for the famous French dish **tripes à la mode de Caen**. With the help of your dictionary, give the English version of the ingredients and then translate:*

1 arroser avec 2 verres à liqueur de calvados
2 une cocotte en fonte
3 commencer la cuisson sur le feu jusqu'à ébullition
4 souder les bords du couvercle avec une pâte

Here's the complete recipe:

TRIPES À LA MODE DE CAEN

Pour six personnes

1 kg de gras-double
2 pieds de veau
100 g de couennes
un peu de moelle
4 carottes
oignons piqués de clous de girofle
bouquet garni: thym, laurier, persil, estragon
ail, poivre en grains
un blanc de poireau
1 litre de cidre brut
2 verres à liqueur de calvados

Dans une tripière ou une cocotte en fonte mettre les couennes de porc et les pieds de veau coupés en morceaux, les carottes en rondelles minces, les oignons, le blanc de poireau et le bouquet garni. Ajouter ensuite les tripes en couches légèrement salées et la moelle de boeuf en petites rondelles, arroser de calvados et flamber puis recouvrir de cidre. Terminer en ajoutant quelques couennes de porc.

Commencer la cuisson sur le feu jusqu'à ébullition, souder les bords du couvercle avec une pâte faite de farine et d'eau. Mettre au four pendant 10 heures à feu doux. Servir très chaud après avoir enlevé les os des pieds de veau ainsi que le bouquet garni.

Les tripes se servent accompagnées de cidre sec ou brut.

Lesson 10
La politique
Politics

Une campagne électorale

Introduction

La Ve République fondée en 1958 met fin à l'instabilité de la IVe République et évolue vers un régime présidentiel.

L'exécutif

Le Président, chef de l'Etat, est élu pour 7 ans au suffrage universel direct depuis 1962, ce qui renforce son autorité. Ses fonctions principales sont les suivantes:

il veille au respect de la Constitution
il nomme le premier ministre
il préside le Conseil des ministres
il promulgue les lois
il signe les ordonnances
il peut aussi consulter les électeurs par référendum
il peut dissoudre l'Assemblée nationale
il peut prendre les pleins pouvoirs en cas de nécessité.

Le Palais de l'Elysée est sa résidence officielle.

Le gouvernement est formé du premier ministre, des ministres et secrétaires d'Etat. Il détermine et conduit la politique de la Nation; il est responsable devant l'Assemblée nationale. Le premier ministre siège à Matignon.

Le législatif:

Le Parlement vote la loi dans les domaines énumérés par la Constitution. Le Parlement se compose de deux assemblées: l'Assemblée nationale et le Sénat.
L'Assemblée nationale comprend 577 députés élus pour cinq ans au suffrage universel direct. Ils siègent au Palais Bourbon.

Le Sénat est composé de sénateurs élus au suffrage universel

indirect pour neuf ans (renouvelables tous les trois ans).
Le Sénat est une chambre de réflexion du point de vue législatif.
Les sénateurs siègent au Palais du Luxembourg.

Les Présidents de la Ve République:

Charles de Gaulle   1958–1965
                                     1965–1969
Georges Pompidou   1969–1974
Valéry Giscard d'Estaing   1974–1981
François Mitterrand   1981–1988 (1986–1988: première
                                     cohabitation) un Président de
                                     gauche et un Premier ministre de
                                     droite
                                     1988–1995 (1993–1995 seconde
                                     cohabitation)
Jacques Chirac   1995–

1 LE PARTI SOCIALISTE

REPUBLIQUE FRANÇAISE · 1re CIRCONSCRIPTION DE LA MANCHE
ELECTIONS LEGISLATIVES · 21 MARS 1993

EFFICACITE
SOLIDARITE
DEMOCRATIE

Madame, Mademoiselle, Monsieur,

*Aujourd'hui, je vous propose un contrat de confiance basé
sur l'efficacité, la SOLIDARITÉ, la démocratie.*

Plus que jamais, je suis résolu :
- *à augmenter les chances de chacun,*
- *à faire reculer l'égoïsme, l'ignorance et la haine,*
- *à combattre l'individualisme sauvage,*
- *à lutter pour une société solidaire : solidarité entre bien portants et malades, entre jeunes et anciens, entre riches et pauvres.*

*Mon ambition est de contribuer à construire une SOCIÉTÉ
PLUS JUSTE, où chacun pourra s'épanouir et connaître le
bien-être dans un environnement de qualité.*

*Tel est le contrat que je vous propose :
ensemble nous réussirons !* Michel LEVILLY

Alliance des Français pour le progrès

2 LE RPR ET L'UDF

RÉPUBLIQUE FRANÇAISE
ÉLECTION LÉGISLATIVE DU 28 MARS 1993

ÉCOUTER
POUR AGIR ENSEMBLE

*Dimanche dernier, le socialisme a été sanctionné par une majorité de Français et dans notre circonscription, une majorité d'électeurs a clairement indiqué son choix **en nous plaçant nettement en tête.** Cette confiance que près de 16 000 électrices et électeurs de notre arrondissement nous ont accordée nous réconforte et nous encourage.*

*Nous saurons en être dignes, **fidèles aux valeurs qu'incarnent les deux composantes de l'Union Pour la France.** En gouvernant ensemble, RPR et UDF veulent redonner espoir et ambition à la France. Parmi nos priorités : **offrir un avenir à chaque français, veiller à préserver notre environnement et notre sécurité, garantir à tous et en particulier aux moins favorisés, une vraie place dans notre société.***

Vous pouvez nous faire confiance. Vous connaissez nos convictions profondes, notre attachement à l'Union Pour la France. Chaque jour, nous défendrons les dossiers qui nous préoccupent, qui vous préoccupent,

> *pour favoriser l'emploi*
> *pour accélérer le désenclavement de notre arrondissement,*
> *pour permettre à nos agriculteurs de vivre de leur travail,*
> *pour favoriser la formation de tous nos jeunes.*

Cette circonscription, nous y sommes profondément attachés. Nous y sommes nés, nous y travaillons chaque jour. Nous souhaitons que nos enfants et petits-enfants puissent demain en faire autant.

*Voilà pourquoi, ce **dimanche 28 mars, nous comptons sur vous pour confirmer votre choix de dimanche dernier.** Le seul combat qui vaille est celui qui permettra, demain, à notre région de trouver les voies nouvelles de son développement. Vous pouvez compter sur nous.*

Je m'adresse également à tous ceux qui ont voté pour d'autres candidats ou qui se sont abstenus dimanche dernier, ils ont exprimé leur sensibilité. C'est la démocratie et c'est bien ainsi.

3 LE PARTI COMMUNISTE

ÉLECTIONS LÉGISLATIVES, 21 MARS 1993
1re circonscription de la Manche

PARTI COMMUNISTE FRANÇAIS

Madame, Mademoiselle, Monsieur,

Peut-être n'avez-vous jamais voté pour un candidat présenté par le PCF et peut-être même n'avez-vous jamais envisagé de le faire ?

Mais aujourd'hui, pour le 1er tour des élections législatives, ce vote n'est-il pas le moyen qui se rapproche le plus de ce que vous voulez exprimer ?

Chômage, austérité, injustices, avenir bouché pour les jeunes, règlement des affaires politico-financières, de l'argent roi, des combines, des magouilles...
CELA NE PEUT PLUS DURER !

Vous êtes déçus par la politique du parti socialiste et vous voulez le dire.

Vous voulez le changement, de l'air pur... **FAIRE DU NEUF !**

4 LES VERTS ET GENERATION ECOLOGIE

Au départ, l'écologie semblait un rêve mais, peu à peu, les réalités ont donné raison aux écologistes.

Réanimer la démocratie, préserver la planète, permettre à chaque être humain de mener sa vie dans la dignité, voilà l'urgence.

L'écologie est une nouvelle manière d'aborder les difficultés de notre société : le chômage, la récession économique, la solitude, l'absence de solidarité et de fraternité.

Les écologistes apportent un souffle nouveau à la vie publique.

Responsables, actifs, indépendants, ils veulent réconcilier l'économie, la nature et l'homme, la morale et la politique...

Pour donner une vraie chance à l'écologie, les candidats de l'Entente des Ecologistes ont réuni leurs efforts. Les Verts et Génération Ecologie sont une force nouvelle capable de répondre aux problèmes actuels par des solutions humaines, audacieuses, respectueuses de l'environnement.

Méfiez-vous des imitations.

Saisissez cette chance pour notre pays, ouvrez les portes de l'Assemblée.

Votez pour les candidats de l'Entente des Ecologistes

156

5 LE FRONT NATIONAL

IMMIGRATION, CHÔMAGE, IMPÔTS INSÉCURITÉ, INJUSTICES, CORRUPTION...

ÇA SUFFIT !

VOTEZ UTILE !

UNE VOIX RPR-UDF DE PLUS NE CHANGERA RIEN...

En revanche, une voix F.N. de plus, c'est vraiment utile :

– à la démocratie, pour éviter que des millions de Français soient privés de toute représentation à l'Assemblée Nationale.

– à la France, pour permettre que soit entendue la voix de ceux qui disent tout haut, ce qu'une majorité de Français pense tout bas.

Translation Notes

1 **la circonscription** constituency; **la Manche** a *département* of NW France, in lower Normandy; the Channel; **les élections législatives** general election; **être résolu à** to be determined to; **faire reculer** to force back, *here*: to reduce the level of; **l'égoïsme** selfishness; **la haine** hatred; **lutter** to fight; **les bien portants** those in good health; **s'épanouir** to develop one's potential; **le bien-être** well-being; **tel est** such is.

2 **agir** to act; **en nous plaçant nettement en tête** by putting us clearly in the lead; **l'arrondissement** (*m*) major subdivision of a *département*, district; **RPR Rassemblement pour la République; UDF Union pour la démocratie française; nous saurons en être dignes** we'll prove ourselves worthy; **incarner** to embody; **la composante** constituent part; **veiller à** to ensure; **le dossier** issue, question; **le désenclavement** opening up of a region (by improving its transport facilities); **la formation** training; **en faire autant** to do the same; **le seul combat qui vaille est celui qui ...** the only worthwhile fight is the one which ... (*vaille* = *subj* of *valoir*); **la voie** way; **également** also; **ils ont exprimé leur sensibilité** they expressed their political opinions.

3 **le 1ᵉʳ tour de scrutin** first ballot; **exprimer** to express; **le chômage** unemployment; **avenir** (*m*) **bouché** lack of future prospects (*lit* blocked future); **le règlement** settling; **l'affaire** (*f*) *here*: scandal; **l'argent roi** 'money rules' policies; **la combine** (*fam*) scheme, fiddle; **la magouille** (*fam*) shady deal; **cela ne peut plus durer!** it can't go on!; **la politique** policy, politics; **faire du neuf** to introduce fresh ideas.

4 **l'entente** (*f*) agreement, understanding; **au départ** initially; **le rêve** dream; **réanimer** to revive; **mener sa vie** to lead, live one's life; **aborder les difficultés** to tackle the difficulties; **apporter un souffle nouveau** to bring new opportunities, a new lease of life; **se méfier de** to beware of.

5 **les impôts** (*m*) taxes; **la voix** vote, voice; **en revanche** on the other hand; **priver de** to deprive of; **tout haut** out loud; **tout bas** in a whisper.

Explanatory Notes

64 The subjunctive (Part 2)

In this lesson's texts there were four examples of the subjunctive and we continue now to discuss its use.

a) You'll remember that it's employed after impersonal expressions that suggest possibility or uncertainty:

Il est possible que ...
Il est important que ...
Il est juste que ...
Il vaut mieux que ...
Il faut que ...
Il suffit que ...

Example:

Il est important que nous soyons capables de répondre aux problèmes actuels par des solutions humaines, audacieuses, respectueuses de l'environnement.

b) Compare now the following two sentences; the first is a statement of fact, the second contains an element of doubt:

Le syndicaliste[1] connaît quelqu'un qui peut empêcher l'échec[2] des pourparlers[3].

Le syndicaliste cherche quelqu'un qui puisse empêcher l'échec des pourparlers.

In sentence two, the person capable of preventing the breakdown of negotiations may not even exist so, clearly, there is some uncertainty and hence we use the subjunctive form *puisse*.

c) Don't forget that we normally employ the subjunctive after *le premier*, *le dernier*, *le seul*, and a superlative:

C'est le seul pays qui ait refusé de porter aide aux régions en voie de développement.

C'est le traducteur[4] le plus compétent que je connaisse.

There is, however, an important exception to the above rule, namely, *la première/dernière/seule/fois*; after these expressions we use the indicative:

La première fois que j'ai participé à une émission télévisée en direct[5], j'avais la tremblote[6] (*fam*).

d) The subjunctive occurs after a negative:

Nous ne connaissons personne qui soit capable d'unifier notre parti aussi bien que lui.

Ils n'ont rien fait qui puisse nuire à[7] la réputation du ministre des Affaires étrangères.

e) Learn the expression *quel* (*quelle*, etc.) *que soit* (whatever . . . may be):

Quelles que soient ses qualités, il faut avouer[8] qu'elle n'est pas très télégénique[9].

f) In a conditional sentence, you can avoid the repetition of *si* by using *que* + subjunctive:

Si vous êtes ambitieux et que vous ayez du piston[10], vous pourrez grimper[11] les échelons de la politique à une vitesse vertigineuse[12].

---

[1]trade unionist [2]breakdown [3]negotiations [4]translator [5]live [6]the jitters [7]to damage [8]to admit [9]looks good on TV [10]friends in the right places [11]to climb [12]dizzy

g) There are a number of fixed expressions containing a subjunctive; you'll often hear the following:

advienne que pourra	come what may
pas que je sache	not to my knowledge
autant que je sache	as far as I know
soit (sound the 't')	so be it

65 Prepositions (Part 2)

We continue to look at the various ways in which English prepositions are expressed in French:

In

a) Note the difference between *dans* and *en* in the following two sentences:

Je ferai le tour de votre région dans trois jours.
Je ferai le tour de votre région en trois jours.

The first sentence means that the tour will take place in three days' time from now; the second sentence means that the tour will last three days.

b) Remember that, when dealing with a feminine country, 'in' (or 'to') is translated by *en*:

en Irlande   en Chine   en Thaïlande

But a masculine country takes *au*:

au Mexique   au Chili   au Brésil

c) When expressing manner, 'in' = *de*:

de la même façon
d'une manière intéressante
d'un ton aggressif
d'une voix triste

On

a) 'On' is often not translated in French:

Les élections législatives ont eu lieu dimanche, le 21 mars.

La veille[1] de son départ le candidat a prononcé un discours sur le chômage, les injustices, les combines et les magouilles.

---

[1]on the eve

b) 'On' is sometimes expressed as *à*:

à cette occasion   **à mon arrivée**   **à notre retour**

Through

a) When 'through' means 'from one side to the other' it is translated by *à travers*:

Le ministre des Finances s'est frayé un chemin à travers la foule[2].

b) When 'through' means 'by way of', use *par*:

Nous avons appris la nouvelle du remaniement ministériel[3] par les journaux.

c) In the meaning of 'as a result of', 'through' = *par suite de*:

Par suite de sa négligence, nous nous attendons à[4] un désastre électoral.

d) In connection with trains, 'through' = *direct*:

un train direct

With

a) Normally, of course, 'with' = *avec*, but when 'with' is linked to a phrase describing a characteristic, the French use *à*:

le diplomate au teint[5] pâle et aux cheveux bruns

b) If 'with' means 'among', use *chez*:

Chez les Français la situation est très différente.

c) After some verbs and adjectives, 'with' is translated by *de*:

couvrir de	to cover with
entourer de	to surround with
menacer de	to threaten with
remplir de	to fill with
se contenter de	to make do with
en avoir marre de (*fam*)	to be fed up with
content de	pleased with
mécontent de	displeased with
satisfait de	satisfied with
heureux de	happy with
fou (folle, *f*) de	mad with
ivre de	drunk with
ravi de	delighted with

[2]forced his way through the crowd [3]the news of the cabinet reshuffle [4]we're expecting [5]complexion

d) When 'with' means 'on one's person', use *sur*:

> Le dirigeant[6] du parti n'avait pas sur lui les détails du débat télévisé.

66 Gender

How many times have you asked yourself: Is this noun masculine or feminine? As the gender of a noun determines the form of the accompanying adjective or past participle, it's essential to come up with the right answer. This is why we've always indicated the gender of the nouns in the Translation Notes.

We're going to spend a little time now discussing the question of gender and, hopefully, clarify a few points. You'll also find a complete guide to French genders in Appendix 3.

a) The following words are always MASCULINE, irrespective of whether they refer to men or women:

ange (ange)	**auteur**	**docteur***	**écrivain**
juge	**médecin**	**peintre**	**philosophe**
poète	**professeur***	**témoin** (witness)	

*Note, however, that you can speak of *la prof* (*fam*) and you do hear *la doctoresse*.

b) The following nouns are always FEMININE, irrespective of sex:

connaissance (acquaintance)	**personne** **vedette** (star)
victime	**sentinelle** (sentry)

Examples:

> Sa femme est un ange et lui, apparemment, une personne détestable.

c) Some nouns, often referring to professions, can be either MASCULINE or FEMININE:

> **artiste économiste journaliste astronaute libraire** (bookseller) **gynécologue comptable** (accountant) **vétérinaire**

[6]leader

d) Certain nouns can be MASCULINE or FEMININE, depending
on meaning:

le livre (book)	**la livre** (pound)
le manche (handle, *fam*: idiot)	**la manche** (sleeve, note also **faire la manche** = to beg)
	la Manche (the Channel)
le mémoire (short thesis)	**la mémoire** (memory)
le mode (way)	**la mode** (fashion)
le poste (job, radio/TV set, police station)	**la poste** (post office)
le somme (snooze)	**la somme** (sum)
le tour (walk, trick, tour, turn)	**la tour** (tower, high-rise block)

Examples:

le manche à balai (broom handle)
se débrouiller comme un manche (*fam*) (to go about things foolishly)
traverser la Manche à la nage (to swim across the Channel)
le mode d'emploi (directions for use)
la mode cette année

le poste de professeur
le cachet de la poste faisant foi (the postmark is proof)

faire un somme
une somme d'argent

jouer un sale tour (a dirty trick)
dans la tour où j'habite il y a trente étages

67 Pronunciation (Part 2)

In this Note we continue to discuss the finer points of French
pronunciation. Study the following:

1) Elision of the unaccented *e*

In normal speech, French people frequently omit an unaccented *e*,
for example:

Je nє sais pas à quelle heure le ministre allєmand est revєnu hier soir à l'hôtel.

Avez-vous achєté un pєtit souvєnir pour la femme du maire?

2) Miscellaneous irregularities in pronunciation

a) Remember that some forms of the verb *faire* have an unexpected pronunciation inasmuch as the *ai* sounds like the *e* in *le*:

> **nous faisons, je faisais, tu faisais, il faisait,** etc. (i.e. the entire imperfect) **faisable** (practicable)

b) Don't forget to pronounce *gn* like the *ni* in 'union'. Examples from the text are:

> **ignorance   digne   dignité**

Other examples:

> **signal   champagne   Boulogne**

BUT, in the following words, the *g* and *n* are sounded separately (as in the English 'stagnate'):

> **gnome   magnat   magnum   stagnation**

c) Note also that in the combination *pn-* and *ps-*, contrary to English usage, the *P* is pronounced:

> **pneu** (tyre)   **pneumonie   psychologie**

3) Liaison

Many students have the impression that they should link French words together whenever possible. This is quite wrong, as too many liaisons sound very formal and artificial. We can, in fact, divide the question of liaison into three categories:

a) Compulsory liaison
EVERY French person will say:

> **les‿écologistes   mes‿ambitions politiques**
> **un grand‿homme politique   deux‿anarchistes**
>
> **Vous‿êtes déçu(s) par la politique du Parti X.**
> **Les Verts et Génération Ecologie sont‿arrivés à un‿accord.**
> **Mes choix? Je les‿ai déjà indiqués.**
> **Ils/elles‿envisagent de voter pour . . .**

That's to say, we normally make the liaison after articles, possessive adjectives, adjectives, numbers, subject/object pronouns + verb, and to distinguish between such forms as *il envisage* and *ils envisagent*.

b) Impossible liaison

NO French person ever makes the liaison after *et* (and) and before an aspirated *h*.

Examples:

Le candidat a toutes les qualités requises et | il a aussi l'envergure[1] nécessaire.

Ce sont les | héros du Parti.

[1](great) ability |indicates pause (no liaison)

An aspirated *h* is an h that begins a word before which neither liaison nor elision can occur. So, in addition to saying *les | héros*, we also say *le | héros*. Other similar nouns that you should learn are:

le hall	**la haine** (hatred)
le handicap	**la Hollande**
le hareng (herring)	**la hausse** (increase)
le hasard (chance)	**haut** (high)
le homard (lobster)	

Surprisingly, we refer to *le héros*, but we say *l'héroïne*.

It's quite important to bear the above points in mind, otherwise there can be confusion. If, for example, you made the liaison in *mon père et un imbécile*, it would sound like *mon père est un imbécile*. Likewise, if during a formal speech you spoke of two people as *les deux_héros*, this would sound exactly like *les deux zéros* and would mean 'the two dunces'!

c) Optional liaison

SOME French people might say (but others might not):

Ils n'ont pas_encore publié leur manifeste.

L'ancien Premier ministre pourrait_être élu Président de la République.

Nous n'avons jamais_été contre la représentation proportionnelle.

Je peux_être un député efficace pour notre circonscription.

You'll have seen then that liaison is, to a great extent, a matter of taste. It must never be forced or artificial and it must never result in an unpleasant or unnatural combination of sounds.

68 Political headlines

By way of a change from subjunctives, prepositions, genders, etc., here are some of the headlines (*les gros titres*) that appeared in newspapers after the 1993 French General Election, but study the following first:

le raz-de-marée	landslide victory
la déconvenue	disillusionment
la défaite	defeat
la vague	wave
la Bérézina★	
l'alternance (*f*)	change of party in power
boire la tasse (*fam*)	to fail
déferler	to break (waves)
s'effriter	to crumble
voire	perhaps even

★a river in Byelorussia where Napoleon's army suffered heavy losses in 1812.

LES SOCIALISTES BOIVENT LA TASSE

LE PC CONTINUE À S'EFFRITER

PS: LA BEREZINA

PC: L'EROSION

ÉCOLOS: LA VAGUE VERTE N'A PAS DÉFERLÉ

> UNE DÉCEPTION, UNE DÉCONVENUE,
> VOIRE UNE DÉFAITE POUR
> LES ÉCOLOS

> LE RAZ-DE-MAREE DE
> LA DROITE

> LES FRANÇAIS ONT MASSIVEMENT
> CHOISI L'ALTERNANCE

Note: accents on capital letters are optional.

Practice 51

As you are now more confident in French, we've decided to give you a more open-ended type of exercise. This time you need to find another way of expressing the meaning of the underlined words or expressions. You may require your dictionary.

1 LE PARTI SOCIALISTE

Plus que jamais, je suis résolu à faire <u>reculer</u> l'égoïsme, l'ignorance et la haine, à <u>lutter contre</u> l'injustice qui existe entre les <u>riches</u> et les <u>pauvres</u>. Mon ambition est de construire une société plus <u>juste</u>.

2 LE PARTI COMMUNISTE

Peut-être n'avez-vous jamais <u>envisagé de</u> voter pour un candidat communiste. Aujourd'hui vous avez la chance de <u>mettre fin aux affaires</u> politico-financières, aux <u>magouilles, à l'avenir bouché</u> pour les jeunes. Le moment est venu de tout changer et de <u>faire du neuf</u>.

3 L'UNION POUR LA FRANCE

Dimanche dernier, le socialisme a été <u>sanctionné</u> par une <u>majorité</u> de Français et 16 000 électeurs et électrices <u>nous ont accordé leur confiance</u>. Parmi ses priorités l'Union Pour la France <u>veillera</u> à préserver son environnement et sa sécurité. Elle défendra les intérêts de notre circonscription en <u>accélérant le désenclavement</u> de notre région et en y <u>favorisant</u> l'emploi.

4 LES ECOLOGISTES

Au départ l'écologie <u>semblait un rêve</u> mais peu à peu les réalités <u>nous ont donné raison</u>.
L'écologie est une nouvelle manière <u>d'aborder</u> les difficultés de notre société. Elle apporte un <u>souffle nouveau</u> à la vie publique.
Les Verts et Génération Ecologie sont une force <u>capable de répondre</u> aux problèmes actuels.
Saisissez cette chance pour notre pays, <u>ouvrez les portes</u> de l'Assemblée.

Practice 52

New Words:

le traitement de texte word processor; **se désister** to stand down;
essuyer un échec to suffer a setback.

Put the verbs in brackets into the subjunctive:

1 Dans son programme électoral, le candidat du parti socialiste insiste sur trois points. Il est essentiel:
    que l'on (**faire**) reculer l'égoïsme et l'ignorance,
    que l'on (**combattre**) l'individualisme sauvage,
    que l'on (**construire**) une société plus équitable.

2 Je doute que le parti socialiste (**pouvoir**) éviter la défaite prévue par les sondages et je crains fort qu'il ne (**boire**) la tasse.

3 Le RPR et l'UDF sont les deux seuls partis qui ensemble (**avoir**) obtenu plus de 40% des voix au premier tour des législatives.

4 Pour avoir une chance, il aurait fallu que l'électorat écologiste (**aller**) voter en plus grand nombre. D'un autre côté, il est possible que l'échec que le parti a essuyé (**être**) dû aux choix de dernière minute.

5 Bien que le F.N. ne (**vouloir**) pas se désister, je ne crois pas qu'il (**obtenir**) de sièges à l'Assemblée nationale.

6 Si la politique que votre parti a menée se traduisait par un échec aux élections et que vous en (**devenir**) le dirigeant, quelles réformes introduiriez-vous?

Practice 53

React to the following statements, replacing the underlined words/ expressions with a suitable alternative from Explanatory Note 66(d). You play the part of B. Here's an example:

A On lui a <u>fait une mauvaise plaisanterie</u> en lui coupant le courant de son micro juste au moment où il allait s'adresser au public.
B Oh là là là! On lui a vraiment joué un sale tour.

And now it's your turn but first study the following:

New Words:

le courant power; **le commissariat (de police)** police station; **le bain de foule** walkabout; **le livret** booklet; **la fiche d'inscription** enrolment form; **la mendicité** begging; **égarer** to mislay; **sur le bout de la langue** on the tip of one's tongue.

1
A Il faut absolument qu'il soumette <u>sa dissertation</u> avant de pouvoir poser sa candidature.
B Mais quelle est la date à laquelle il doit soumettre ...

2
A Comme d'habitude. j'ai égaré <u>le petit livret qui m'indiquait</u> comment changer la cassette de mon traitement de texte.
B Quoi! Tu as perdu ...

3

A Après les manifestations qui ont eu lieu à cause des accords du GATT, certains agriculteurs se sont retrouvés au <u>commissariat</u>.

B Est-ce qu'ils ont vraiment passé la nuit . . . ?

4

A <u>Ces monuments se trouvent en France, en Angleterre, en Italie</u>, sont tous les trois célèbres et ont quelque chose en commun. Qu'est-ce que c'est?

B C'est . . .

5

A Il est jeune, bien habillé, son chien est superbe et pourtant il paraît qu'il <u>vit de mendicité</u>.

B Oui, je le connais, celui qui . . . sur la place du marché.

6

A Les discours sur les places publiques, les bains de foule sont très <u>en vogue</u> chez certains hommes politiques.

B C'est un moyen de montrer qu'ils sont proches du public. C'est très . . .

7

A Les électeurs avaient placé leurs espoirs dans leur nouveau député, mais à la première difficulté il <u>s'est montré incapable</u>.

B En d'autres termes, il . . .

8

A Les hommes politiques ambitieux ont tendance à faire bien des promesses, mais ils <u>les oublient rapidement</u>.

B Oui, ils sont comme moi, ils . . .

9

A Vous avez malheureusement envoyé votre fiche d'inscription un jour trop tard, <u>la date imprimée sur le timbre en est la preuve</u>.

B Zut alors! Vous appliquez donc le règlement à la lettre: le . . .

Practice 54

Role-play

The following is a political discussion between two teenagers – one French, one British. Play the part of the British person but, first, learn these new words:

170

New Words:

le jour des élections polling day; **le taux de participation électorale** turnout at the polls; **le bulletin de vote** ballot paper; **le ballottage** failure to gain an absolute majority (and so a second ballot becomes necessary); **le deuxième tour de scrutin** second ballot; **l'urne** (*f*) ballot box; **au pouvoir** in power; **les dés sont jetés** the die is cast; **élire** (like *lire*) to elect; **soutenir** (like *tenir*) to support.

Enfin, j'ai dix-huit ans: l'âge du droit de vote, de la majorité et, sans doute, de la liberté.

Well, I'm twenty, and I can tell you that when I was eighteen it was no big deal.

Comment ça, qu'est-ce que tu veux dire?

I may be of age but I'm certainly not free to do what I want. In fact, without money, you can't be free. As to my right to vote, I haven't yet had an opportunity to put a single ballot paper in the box. Not even for the Maastricht Treaty!

C'est possible, mais en France ce ne sont pas les occasions de voter qui manquent en ce moment. Je me demande même si les électeurs ne finissent pas par en avoir marre de sacrifier leur dimanche.

Sunday? Are you saying that in France polling day is always on a Sunday? But doesn't that have a negative effect on the turnout?

Ça peut arriver, au deuxième tour de scrutin, surtout si les dés sont déja jetés.

What do you mean by the 'second ballot'? Do the French vote twice? On two different Sundays?

Oui, ça peut être le cas. Prenons, par exemple, les présidentielles. Le Président est élu au suffrage universel direct et les élections peuvent se faire en deux tours.

Could you briefly explain how the French Presidential Election works?

Oui, bien sûr. Par exemple, moi je voterai au premier tour pour mon candidat favori, mais s'il n'y a pas de majorité absolue, il y aura ballottage.

What happens next?

Au deuxième tour, je serai obligé de choisir entre les deux candidats qui arrivent en tête et celui qui recevra le plus de voix sera élu pour sept ans.

When do you think you'll be able to vote for the first time?

Normalement dans deux ans, pour les présidentielles, si le Président actuel termine son mandat.

And what exactly do you need to do as a new member of the French electorate?

Ce qu'il faut que je fasse? Il faut que je m'inscrive sur une liste électorale avant le 31 décembre, et à supposer que je ne commette aucun crime grave d'ici là et que je ne devienne pas "fou furieux", je pourrai voter en bon citoyen.

Naturally, I'm not going to ask you what political party you support as that would be somewhat indiscreet, but can I ask you if you are a close observer of the political scene in France?

Oui, je participe même très activement aux campagnes électorales. Je ne te cache pas que je soutiens les écologistes, mais je dois admettre qu'en ce moment, quel que soit le parti au pouvoir, personne ne semble capable de résoudre les problèmes économiques et sociaux actuels.

Practice 55

A l'aide des statistiques ci-dessous, indiquez dans quelle mesure les gros titres de la section Explanatory Note 68 peuvent être justifiés.

LES LEGISLATIVES DE 1993

Les résultats du premier tour		Les résultats du deuxième tour	
PCF	9,18%	PCF	4,61%
PS	17,59%	PS	28,25%
UDF	19,08%	UDF	25,84%
RPR	20,39%	RPR	28,27%
FN	12,41%	FN	5,66%
Entente	7,63%	Divers	0,44%
Ecologique		(Ecolo. Regio., etc. . . .)	

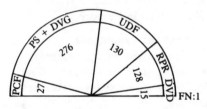

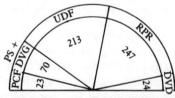

Nombre de sièges à l'Assemblée nationale <u>avant</u> les élections de mars 1993

Nombre de sièges à l'Assemblée nationale <u>après</u> les élections de mars 1993

Self-assessment Test 2

The following test is based on lessons 6–10.
Deduct one mark for every mistake.
All answers and score assessments are in the Key.

A Translate:

1 Since July 1st any French citizen has been able to buy unit trusts in England.
2 In a few months you will be able to take out car insurance wherever you wish.
3 I will be able to settle in France at the earliest in June.
4 In the years to come the British will be able to use their driving licence in any country in the Community.
(Total: 8 marks)

B Link sentences a) and b), using the conjunction indicated:

1 (Tout le temps que)
   a) Les véhicules neufs n'ont pas de pots catalytiques.
   b) La pollution augmente.
2 (Dès que)
   a) On peut s'entendre sur la politique d'immigration.
   b) Le contrôle des passeports dans la Communauté disparaît.
3 (Après que)
   a) On a signé le contrat.
   b) Il faut en profiter pour exporter nos marchandises.
(Total: 6 marks)

C Translate, using y

1 It's got nothing to do with me!
2 That's it, I've succeeded in taking out an insurance.
3 He's an expert in cars.
4 Come for the weekend of August 2nd.
   I certainly will.
(Total: 8 marks)

D Complete the following, using the name of an animal:

1 Être jaloux comme _____ .
2 Être comme _____ dans un magasin de porcelaine.
3 Avoir _____ dans la gorge.
4 Monter sur ses grands _____ .
5 Se jeter dans la gueule _____ .
6 Il fait un temps _____ .
(Total: 6 marks)

E Translate, using il est or c'est:

1 It is certain that the entrance fee for Euro Disney is going to change.
2 This idea of offering preferential prices to our hotel guests, was it yours?
3 It is 11pm, the Theme Park is going to close in a few minutes.
(Total: 6 marks)

F Link sentences a) and b), using the future tense and the construction indicated:

1 Plus . . . plus
   a) On fait de la publicité pour le nouveau look d'Euro Disney.
   b) On réussit à séduire la clientèle.
2 Plus . . . plus
   a) Les conditions de travail s'améliorent.
   b) Le personnel est bon.
3 Moins . . . plus
   a) L'image américaine est évidente.
   b) Le nombre de Français qui vont à Euro Disney augmente.
(Total: 6 marks)

G Complete the following, choosing the right position for the adjective given:

1 (Pauvre)
   Il est fauché comme les blés. C'est un _____ homme

   _____ .
2 (Ancien)
   Le _____ président _____ d'Euro Disney était Américain.

3 (Même)

Ce ne sont pas les _____ attractions _____ qu'en Floride.

4 (Certain)

Il y a un camping-caravaning, un golf de 18 trous, un centre de loisirs, ça, c'est une _____ chose _____ .

(Total: 4 marks)

H Find the French title for the fairy tales from the clues given:

1 'Miroir enchanté'
2 'La pantoufle de verre'
3 'Elle dormit pendant cent ans'
(Total: 3 marks)

I Can you remember the names of four of the Seven Dwarfs? The clues will help you:

1 Il éternue toujours.
2 Il es toujours grognon.
3 Il est naïf.
4 C'est le boute-en-train du groupe.
(Total: 4 marks)

J Put the verbs in brackets into the past participle:

1 Quelles économies avez-vous (faire) ce mois-ci?
2 Cette étude qui indique que le consommateur des années 90 est devenu une fourmi, tu l'as (lire)?
3 Les vins que vous nous avez (offrir) étaient délicieux.
4 Les chaussures de sport que j'ai (choisir), je les ai (acheter) sur un coup de cœur.
(Total: 5 marks)

K Find a French equivalent containing 'coup' for the following:

1 To have a look.
2 To get sunburnt.
3 To have a drink (*fam*).
4 To have a stroke of luck.
(Total: 8 marks)

L What are you like with money? Choose *one* of the following and translate:

1 I'm penniless.

2 I've difficulty in making ends meet.
3 I'm stingy (*fam*).
4 I'm rolling in money.
(Total: 2 marks)

M Put the verbs in brackets into the subjunctive:

1 Je voudrais que vous (faire) la réservation aujourd'hui.
2 Il est dommage que la ville de Caen (être) détruite par les bombardements de la deuxième guerre mondiale.
3 A condition que le menu (comprendre) un kir royal, nous choisirons celui à 200 francs.
4 Nous mangerons plus tôt ce soir, afin que nos invités (pouvoir) assister au concert.
(Total: 4 marks)

N Complete the following:

1 Caen compte (about) 113 000 habitants.
2 Je voudrais acheter une brochure (about) le Mémorial.
3 (By how much) le pouvoir d'achat des Français a-t-il diminué?
4 Nous avons flâné dans les rues de Ouistreham (for an hour) avant de reprendre le ferry.
5 Le château est entouré (by) remparts.
(Total: 5 marks)

O Translate:

1 It's the only party which is determined to reduce the level of selfishness, hatred and ignorance.
2 There is not a single politician who knows how to solve the problem of unemployment.
3 Whatever the results of these elections may be, the recession will continue for a few more years.
(Total: 9 marks)

P Role-play:

Play the part of the British tourist in Normandy:

Bonjour Madame, vous cherchez quelque chose?
Yes, we're on a cycling holiday and we're lost. We're looking for the way to Bayeux.

Bayeux? Ce n'est pas loin d'ici, c'est à environ 28km.
Suivez les pancartes, c'est bien indiqué. Vous irez sans doute
voir la Tapisserie de la Reine Mathilde?
Yes, it's apparently a superb masterpiece illustrating the
Norman Conquest. We also intend to stroll through the
picturesque streets around the cathedral, because we are both
interested in old buildings.
Quelle sera ensuite votre destination?
We'd like to go as far as Mont Saint-Michel and take the
opportunity to sample some of the local specialities.
By the way, can you tell us why there are so many people in the
streets today?
Aujourd'hui, c'est jour des élections et les Français vont
déposer leur bulletin dans l'urne à la Mairie.
Oh, so you vote on Sundays in France? But doesn't that have a
negative effect on the turnout, especially if the weather is nice,
as it is today?
Oui, peut-être. Ça peut arriver.
Are you going to vote today?
Oui, je vais voter pour la première fois aujourd'hui, car je viens
d'avoir 18 ans. Je me suis toujours intéressé aux affaires
politiques.
I hope you won't be disappointed with the results of the
elections. Many thanks for your help. It's getting late, we must
continue our journey. Goodbye and thank you.
(Total: 16 marks)

Appendix 1

COMPLETE CONJUGATIONS OF THE REGULAR AND AUXILIARY VERBS

INFINITIVE

to speak **parler**	to sell **vendre**	to finish **finir**	to have **avoir**	to be **être**

PRESENT PARTICIPLE

speaking **parlant**	selling **vendant**	finishing **finissant**	having **ayant**	being **étant**

PAST PARTICIPLE

spoken **parlé**	sold **vendu**	finished **fini**	had eu	been été

PRESENT INDICATIVE

I speak, etc.	I sell, etc.	I finish, etc.	I have, etc.	I am, etc.
je parle	je vends	je finis	j'ai	je suis
tu parles	tu vends	tu finis	tu as	tu es
il parle	il vend	il finit	il a	il est
nous parlons	nous vendons	nous finissons	nous avons	nous sommes
vous parlez	vous vendez	vous finissez	vous avez	vous êtes
ils parlent	ils vendent	ils finissent	ils ont	ils sont

FUTURE

I will speak	I will sell	I will finish	I will have	I will be
je parlerai	je vendrai	je finirai	j'aurai	je serai
tu parleras	tu vendras	tu finiras	tu auras	tu seras
il parlera	il vendra	il finira	il aura	il sera
nous parlerons	nous vendrons	nous finirons	nous aurons	nous serons
vous parlerez	vous vendrez	vous finirez	vous aurez	vous serez
ils parleront	ils vendront	ils finiront	ils auront	ils seront

CONDITIONAL

I would speak	I would sell	I would finish	I would have	I would be
je parlerais	je vendrais	je finirais	j'aurais	je serais
tu parlerais	tu vendrais	tu finirais	tu aurais	tu serais
il parlerait	il vendrait	il finirait	il aurait	il serait
nous parlerions	nous vendrions	nous finirions	nous aurions	nous serions
vous parleriez	vous vendriez	vous finiriez	vous auriez	vous seriez
ils parleraient	ils vendraient	ils finiraient	ils auraient	ils seraient

IMPERFECT

I was speaking/ used to speak	I was selling/ used to sell	I was finishing/ used to finish	I had, etc.	I was, etc.
je parlais	je vendais	je finissais	j'avais	j'étais
tu parlais	tu vendais	tu finissais	tu avais	tu étais
il parlait	il vendait	il finissait	il avait	il était
nous parlions	nous vendions	nous finissions	nous avions	nous étions
vous parliez	vous vendiez	vous finissiez	vous aviez	vous étiez
ils parlaient	ils vendaient	ils finissaient	ils avaient	ils étaient

I spoke, etc.	I sold, etc.	PAST HISTORIC I finished, etc.	I had, etc.	I was, etc.
je parl*ai*	je vend*is*	je fin*is*	j'eus	je fus
tu parl*as*	tu vend*is*	tu fin*is*	tu eus	tu fus
il parl*a*	il vend*it*	il fin*it*	il eut	il fut
nous parl*âmes*	nous vend*îmes*	nous fin*îmes*	nous eûmes	nous fûmes
vous parl*âtes*	vous vend*îtes*	vous fin*îtes*	vous eûtes	vous fûtes
ils parl*èrent*	ils vend*irent*	ils fin*irent*	ils eurent	ils furent

PRESENT SUBJUNCTIVE—*que* (that) is usually prefixed in conjugating the subjunctive

je parl*e*	je vend*e*	je fin*isse*	j'aie	je sois
tu parl*es*	tu vend*es*	tu fin*isses*	tu aies	tu sois
il parl*e*	il vend*e*	il fin*isse*	il ait	il soit
nous parl*ions*	nous vend*ions*	nous fin*issions*	nous ayons	nous soyons
vous parl*iez*	vous vend*iez*	vous fin*issiez*	vous ayez	vous soyez
ils parl*ent*	ils vend*ent*	ils fin*issent*	ils aient	ils soient

		IMPERATIVE		
speak (*fam*), parl*e*	sell (**fam**), vend*s*	finish (*fam*), fin*is*	have (*fam*), aie	be (*fam*), sois
qu'il parl*e*	let him sell, qu'il	qu'il fin*isse*	let him have,	let him be, qu'il

let us speak,
  parl*ons*
	vend*e*
	let us sell,
		let us finish,
		  fin*issons*
			qu'il ait
			let us have,
				soit
				let us be, soyons

speak, parl*ez*	vend*ons* let us sell,	finish, fin*issez*	ayons	be, soyez
qu'ils parl*ent*	sell, vend*ez*	qu'ils fin*issent*	have, ayez	qu'ils soient
	qu'ils vend*ent*		qu'ils aient	

Appendix 2

Irregular Verbs

N.B. Not all forms are given. For complete lists, see Hugo's *French Verbs Simplified*.

The following irregular verbs have been used in this book:

	accroître (to increase)	*accueillir* (to welcome)	*aller* (to go)	*atteindre* (to reach)
Pres.				
je/j'	accrois	accueille	vais	atteins
tu	accrois	accueilles	vas	atteins
il/elle	accroît	accueille	va	atteint
nous	accroissons	accueillons	allons	atteignons
vous	accroissez	accueillez	allez	atteignez
ils/elles	accroissent	accueillent	vont	atteignent
Perf.	j'ai accru	j'ai accueilli	je suis allé	j'ai atteint
Fut.	j'accroîtrai	j'accueillerai	j'irai	j'atteindrai
Subj.	j'accroisse	j'accueille	j'aille	j'atteigne

	boire (to drink)	*combattre* (to fight)	*conduire* (to take, drive)	*connaître* (to know)
Pres.				
je/j'	bois	combats	conduis	connais
tu	bois	combats	conduis	connais
il/elle	boit	combat	conduit	connaît
nous	buvons	combattons	conduisons	connaissons
vous	buvez	combattez	conduisez	connaissez
ils/elles	boivent	combattent	conduisent	connaissent
Perf.	j'ai bu	j'ai combattu	j'ai conduit	j'ai connu
Fut.	je boirai	je combattrai	je conduirai	je connaîtrai
Subj.	je boive	je combatte	je conduise	je connaisse

	convaincre (to convince)	*courir* (to run)	*craindre* (to fear)	*croire* (to believe)
Pres.				
je/j'	convaincs	cours	crains	crois
tu	convaincs	cours	crains	crois
il/elle	convainc	court	craint	croit
nous	convainquons	courons	craignons	croyons
vous	convainquez	courez	craignez	croyez
ils/elles	convainquent	courent	craignent	croient
Perf.	j'ai convaincu	j'ai couru	j'ai craint	j'ai cru
Fut.	je convaincrai	je courrai	je craindrai	je croirai
Subj.	je convainque	je coure	je craigne	je croie

	découvrir (to find out)	*dépeindre* (to depict)	*devoir* (to have, to owe)	*dire* (to say)
Pres.				
je/j'	découvre	dépeins	dois	dis
tu	découvres	dépeins	dois	dis
il/elle	découvre	dépeint	doit	dit
nous	découvrons	dépeignons	devons	disons
vous	découvrez	dépeignez	devez	dites
ils/elles	découvrent	dépeignent	doivent	disent
Perf.	j'ai découvert	j'ai dépeint	j'ai dû	j'ai dit
Fut.	je découvrirai	je dépeindrai	je devrai	je dirai
Subj.	je découvre	je dépeigne	je doive	je dise

	disparaitre (to disappear)	*dormir* (to sleep)	*écrire* (to write)	*envoyer* (to send)
Pres.				
je/j'	disparais	dors	écris	envoie
tu	disparais	dors	écris	envoies
il/elle	disparaît	dort	écrit	envoie
nous	disparaissons	dormons	écrivons	envoyons
vous	disparaissez	dormez	écrivez	envoyez
ils/elles	disparaissent	dorment	écrivent	envoient
Perf.	j'ai disparu	j'ai dormi	j'ai écrit	j'ai envoyé
Fut.	je disparaîtrai	je dormirai	j'écrirai	j'enverrai
Subj.	je disparaisse	je dorme	j'écrive	j'envoie

	éteindre (to extinguish)	*faire* (to do, make)	*falloir* (to be necessary)	*interdire* (to forbid)
Pres.				
je/j'	éteins	fais	–	interdis
tu	éteins	fais	–	interdis
il/elle	éteint	fait	il faut	interdit
nous	éteignons	faisons	–	interdisons
vous	éteignez	faites	–	interdisez
ils/elles	éteignent	font	–	interdisent
Perf.	j'ai éteint	j'ai fait	il a fallu	j'ai interdit
Fut.	j'éteindrai	je ferai	il faudra	j'interdirai
Subj.	j'éteigne	je fasse	il faille	j'interdise

	joindre (to join)	*lire* (to read)	*mettre* (to put)	*naître* (to be born)
Pres.				
je/j'	joins	lis	mets	nais
tu	joins	lis	mets	nais
il/elle	joint	lit	met	naît
nous	joignons	lisons	mettons	naissons
vous	joignez	lisez	mettez	naissez
ils/elles	joignent	lisent	mettent	naissent
Perf.	j'ai joint	j'ai lu	j'ai mis	je suis né
Fut.	je joindrai	je lirai	je mettrai	je naîtrai
Subj.	je joigne	je lise	je mette	je naisse

	nuire (à) (to harm)	*obtenir* (to obtain)	*offrir* (to offer)	*partir* (to leave)
Pres.				
je/j'	nuis	obtiens	offre	pars
tu	nuis	obtiens	offres	pars
il/elle	nuit	obtient	offre	part
nous	nuisons	obtenons	offrons	partons
vous	nuisez	obtenez	offrez	partez
ils/elles	nuisent	obtiennent	offrent	partent
Perf.	j'ai nui	j'ai obtenu	j'ai offert	je suis parti
Fut.	je nuirai	j'obtiendrai	j'offrirai	je partirai
Subj.	je nuise	j'obtienne	j'offre	je parte

	se plaindre (to complain)	*plaire* (to please)	*pouvoir* (to be able)	*prendre* (to take)
Pres.				
je/j'	me plains	plais	peux (puis)	prends
tu	te plains	plais	peux	prends
il/elle	se plaint	plaît	peut	prend
nous	nous plaignons	plaisons	pouvons	prenons
vous	vous plaignez	plaisez	pouvez	prenez
ils/elles	se plaignent	plaisent	peuvent	prennent

	se plaindre	*plaire*	*pouvoir*	*prendre*
Perf.	je me suis plaint	j'ai plu	j'ai pu	j'ai pris
Fut.	je me plaindrai	je plairai	je pourrai	je prendrai
Subj.	je me plaigne	je plaise	je puisse	je prenne

	recevoir (to receive)	*résoudre* (to solve)	*savoir* (to know)	*sentir* (to feel, smell)
Pres.				
je/j'	reçois	résous	sais	sens
tu	reçois	résous	sais	sens
il/elle	reçoit	résout	sait	sent
nous	recevons	résolvons	savons	sentons
vous	recevez	résolvez	savez	sentez
ils/elles	reçoivent	résolvent	savent	sentent
Perf.	j'ai reçu	j'ai résolu	j'ai su	j'ai senti
Fut.	je recevrai	je résoudrai	je saurai	je sentirai
Subj.	je reçoive	je résolve	je sache	je sente

	servir (to serve)	*sortir* (to go out)	*sourire* (to smile)	*suivre* (to follow)
Pres.				
je/j'	sers	sors	souris	suis
tu	sers	sors	souris	suis
il/elle	sert	sort	sourit	suit
nous	servons	sortons	sourions	suivons
vous	servez	sortez	souriez	suivez
ils/elles	servent	sortent	sourient	suivent
Perf.	j'ai servi	j'ai sorti	j'ai souri	j'ai suivi
Fut.	je servirai	je sortirai	je sourirai	je suivrai
Subj.	je serve	je sorte	je sourie	je suive

	valoir (to be worth)	*venir* (to come)	*vivre* (to live)	*voir* (to see)
Pres.				
je/j'	vaux	viens	vis	vois
tu	vaux	viens	vis	vois
il/elle	vaut	vient	vit	voit
nous	valons	venons	vivons	voyons
vous	valez	venez	vivez	voyez
ils/elles	valent	viennent	vivent	voient
Perf.	j'ai valu	je suis venu	j'ai vécu	j'ai vu
Fut.	je vaudrai	je viendrai	je vivrai	je verrai
Subj.	je vaille	je vienne	je vive	je voie

	vouloir (to want)
Pres.	
je/j'	veux
tu	veux
il/elle	veut
nous	voulons
vous	voulez
ils/elles	veulent
Perf.	j'ai voulu
Fut.	je voudrai
Subj.	je veuille

N.B.

- **admettre** (to omit), **omettre, permettre, promettre**   are like **METTRE**

- *construire* (to build), *cuire* (to cook), *détruire* (to destroy), *produire* (to produce), *réduire* (to reduce) — are like *CONDUIRE*
- *décevoir* (to disappoint), *s'apercevoir* (to notice, conjug. with être) — are like *RECEVOIR*
- *devenir* (to become), *se souvenir de* (to remember) — are like *VENIR*
- *desservir* (to serve) — is like *SERVIR*
- *élire* (to elect) — is like *LIRE*
- *s'inscrire* (to enrol) — is like *ECRIRE*
- *paraître* (to appear) — is like *DISPARAÎTRE*
- *se recueillir* (to meditate) — is like *ACCUEILLIR*
- *reconnaître* (to recognize) — is like *CONNAÎTRE*

Appendix 3

French Genders Simplified

MASCULINE are:

a) Days of the week:
   le lundi le mardi le mercredi, etc.

b) Months:
   janvier février mars, etc.
   Example: **Juillet est généralement beau.**

c) Seasons:
   le printemps l'été l'automne l'hiver
   Example: **en plein été**

d) Points of the compass:
   le nord le sud l'est l'ouest le nord-est le sud-est
   Example: **Mon jardin est situé au sud-ouest.**

e) Trees:
   le poirier le pommier le sapin (fir) **le chêne** (oak)

f) Most metals:
   l'or (gold) **l'argent** (silver) **le fer** (iron) **le plomb** (lead)

g) Metric weights and measures:
   le gramme le litre le kilomètre

h) Countries (not ending in *-e*):
   le Brésil le Canada le Danemark le Japon le Portugal

i) Languages:
   **l'arabe le chinois le danois le finnois le grec le japonais
   le norvégien le polonais le portugais le roumain le russe
   le suédois le turc**

j) Most nouns ending in:

-acle	**le spectacle**
-age	**le voyage**
-eau	**le bateau**
-ège	**le piège** (trap)
-eur	**le directeur**
-ment	**le parlement**
-o	**le numéro**
-oir	**le couloir**
-isme	**le communisme**

FEMININE are:

a) Most countries ending in *-e*:
   **la Chine la Finlande la France la Grèce la Hongrie la Norvège
   la Pologne la Roumanie la Russie la Suède la Turquie**

b) Most arts and sciences:
   **l'architecture la peinture la sculpture la biologie la chimie
   la médecine**

c) Most nouns ending in:

-aison	**la raison**
-ance	**la correspondance**
-ée	**la journée**
-esse	**la détresse**
-euse	**la photocopieuse**
-ière	**la carrière**
-sion	**la démission** (resignation)
-tion	**la prononciation**
-xion	**la réflexion**
-onne	**la couronne** (crown)
-trice	**la directrice**

Key to Exercises

Lesson 1

Practice 1: 1 Faux. 2 Faux. 3 Vrai. 4 Vrai. 5 Faux. 6 Vrai.
7 Faux. 8 Faux. 9 Faux. 10 vrai.

Practice 2: 1 Généralement le mot 'épinglette . . ./le mot 'épinglette' n'est
généralement pas . . . 2 J'ai récemment assisté . . . / Récemment j'ai
assisté . . . 3 Elle est follement amoureuse de lui. 4 . . . suffisamment de
porte-clés. 5 Habituellement une telle passion . . . 6 Personnellement,
cette manie . . .

Practice 3: 1 Non, nous l'avons depuis une semaine. 2 Non, elles
distribuent des cadeaux depuis un an. 3 Non, je fais la collection de
timbres depuis (le mois de) juillet. 4 Non, ils travaillent à la chaîne dans
cette usine depuis le 1er juin seulement. 5 Non, je ne suis plus au SMIC
depuis le mois dernier.

Dictionary Practice: job/poste; manager/gérant; drugstore; relaxe/
détendu; disc-jockey; hobby/passe-temps; jogging; bowling; jazz; test/
épreuve; must/nécessité; look/image; blazer en tweed; jean; weekend/week-
end/fin de semaine (Can.); cottage/maison de campagne; parking/parc de
stationnement (less common).

Lesson 2

Practice 4: 1 Ils courent le risque de perdre leurs traditions nationales.
2 Elles sont basées sur des événements historiques, religieux, sur des fêtes
civiles ou des particularités régionales. 3 C'est leur fête nationale qui
commémore la prise de la Bastille en 1789 par le peuple de Paris et marque
la fin de l'Ancien Régime. 4 A Paris par des défilés militaires sur les
Champs-Elysées et partout en France par des bals populaires, des feux
d'artifice, des fêtes foraines et des batailles de confettis. 5 C'est
l'anniversaire de l'Armistice qui a mis fin à la première guerre mondiale.
6 A l'anniversaire de la victoire de la deuxième guerre mondiale en 1945.
7 Ils se reposent puisque c'est la fête du travail, donc un jour chômé. Ils
peuvent aussi s'offrir des brins de muguet en signe d'amitié. 8 Les
Français réveillonnent ou bien chez eux ou bien se paient le luxe du
restaurant. Les jeunes préfèrent réveillonner entre eux dans les boîtes. A
minuit tout le monde s'embrasse et trinque en l'honneur de la nouvelle
année. 9 On peut envoyer ses cartes de bons vœux jusqu'à la fin du mois

de janvier. **10** Les enfants reçoivent leurs étrennes, les adultes prennent leurs bonnes résolutions et on présente ses meilleurs vœux à tous les membres de la famille qu'on ne verra probablement qu'une fois dans l'année.

Practice 5: **1** Mais non, ils se sont déjà recueillis devant le monument aux morts. **2** Mais non, je me suis déjà levé de table pour servir le vin rouge. **3** Mais non, elle s'est déjà préparé son plat favori. **4** Mais non, nous nous sommes déjà offert des brins de muguet.

Practice 6: **1** nationales. **2** régionaux. **3** internationaux. **4** communales. a) chevaux. b) bals. c) festivals. d) canaux.

Practice 7: **1** le premier janvier. **2** le premier mai. **3** le onze novembre. **4** le trente et un décembre. **5** le vingt-cinq décembre. **6** le premier avril.

Practice 8: boum/soirée dansante; nana/(jeunes) filles; fac/faculté; boulot/ travail; bagnole/voiture; pinard/vin; clopes/cigarettes; fringues/vêtements; pot/verre; bistrot/café; fauché/volé; flics/agents de police; gars/jeunes (gens); fric/argent; panier à salade/fourgon cellulaire.

Lesson 3

Practice 9: **1** Faux. Elle a lieu le six janvier. **2** Vrai. **3** Vrai. **4** Faux. Pâques symbolise la résurrection de Jésus Christ. **5** Vrai. **6** Faux. Vendredi saint est un jour ouvrable òu l'on travaille normalement. **7** Faux. Ils se mettent sur leur trente et un pour le réveillon qui peut être composé d'huîtres, de foie gras, d'une volaille ou d'un gibier et de la bûche. **8** Vrai. **9** Vrai. **10** Faux. C'est un plat très cher.

Practice 10: **1** Oui, bien sûr. Ils se sont déjà téléphoné hier et pourquoi pas aujourd'hui? **2** Elles se sont déjà bien vendues hier et . . .? **3** Je me suis déjà lavé la tête hier et . . .? **4** Nous nous sommes déjà écrit des billets doux hier et . . .? **5** Nous nous sommes déjà regardés en chien de faïence hier et . . .?

Practice 11: **1** a pris. **2** ont gardé. **3** s'est rendu. **4** a accueilli. **5** ont approuvé. **6** ont détruit et ont causé. **7** a inauguré. **8** s'est écrasé. **9** est entrée. **10** est devenu.

Practice 12: **1** dormir sur mes deux oreilles. **2** vu trente-six chandelles. **3** dire ses quatre vérités. **4** fait d'une pierre deux coups.

Practice 13: Formal style: Excusez-moi, je ne sais pas ce que c'est qu'un 'kir royal'. Oh, je n'aime ni le champagne, ni la liqueur de cassis. Je prendrai un whisky. Un saumon fumé, des huîtres et une terrine de poisson. 'Trou normand', un trou en Normandie? Qu'est-ce que c'est exactement? C'est très original. J'aimerais/je vais essayer. Je crois que je vais prendre le pavé de bœuf avec les légumes. Est-ce que je peux aussi avoir une bouteille d'eau minérale, s'il vous plaît?

Informal style: Le repas était super et l'ambiance super chouette. Est-ce que tu veux dire que tu as trop bouffé? As-tu la gueule de bois? C'est vrai, tu étais un peu saoul. Bonne année tout de même!

Practice 14: Hello grown-ups! I've been waiting to meet you for a long time. I can only marvel at everything I see. Thank you for your warm welcome. Rest assured, I need very little room. Well, there you are, I'm very well and I already love you all. My parents are delighted.

Lesson 4

Practice 15: 1 Ils sont tous les deux pavés de bonnes intentions. 2 Ils constatent que leurs enfants n'ont souvent mémorisé que quelques formules banales, mais ils ont par contre enrichi leur vocabulaire de mots grossiers inutiles et même nuisibles pour un oral d'examen. 3 En n'attendant pas de leurs enfants des résultats spectaculaires après un, deux ou même trois séjours. 4 L'enfant bénéficiera de la découverte d'une culture et d'un pays différents ainsi que d'un intérêt nouveau pour une autre langue. 5 D'abord le risque pour les parents de jeter de l'argent par les fenêtres, et ensuite le risque que l'enfant rejette le pays, ses habitants et la langue étrangère. 6 Parce qu'un séjour de trois semaines à l'étranger n'aidera guère un élève à maîtriser la syntaxe, les conjugaisons et les verbes irréguliers. 7 Elle préconise un effort personnel quotidien, plus des cours particuliers répartis sur toute l'année. Elle suggère l'excellente émission de FR3 "Continentales". 8 Il faut choisir la formule la mieux adaptée à l'enfant et la plus rassurante pour ses parents. 9 Les formules possibles sont les suivantes: en famille, en collège, en camp de jeunes, avec tennis, à cheval, en bateau, à bicyclette.

Practice 16: 1 J'irai par le/en train. 2 Vous pouvez y aller en métro. 3 Nous nous déplacerons en traîneau. 4 Tu vas la traverser en montgolfière. 5 . . . j'irai à cheval.

Practice 17: 1 amélioreraient; étaient. 2 pourriez; preniez. 3 avait; choisirait. 4 aurions étudié; avaient été. 5 n'auriez pas dû répondre.

Practice 18: 1 Non, elles sont inacceptables. 2 Non, c'est improbable. 3 Non, il est malheureux. 4 Non, je suis mécontent. 5 Non, c'est anormal. 6 Non, c'est un verbe irrégulier.

Practice 19: 1 J'ai réussi à (trois examens). 2 (le temps) a vite passé. 3 passer par (un quartier encombré). 4 j'ai croisé. 5 de continuer/de ne pas m'arrêter. 6 ma carte d'étudiant/mon laisser-passer. 7 me faire passer pour. **8** on a fait circuler. **9** s'est évanoui/est tombé dans les pommes (fam). **10** j'étais reçu avec mention. **11** 'je passe'.

Practice 20: 1 Mieux vaut tard que jamais. **2** . . . quand les poules auront des dents. **3** Le malheur des uns fait le bonheur des autres. **4** Quand le chat n'est pas là, les souris dansent.

Practice 21: –Absolument. Elle n'a pas du tout été déçue. Elle a considérablement enrichi son vocabulaire, y compris les gros mots, mais pourquoi pas, après tout, ils font partie de la langue. Elle a aussi découvert un pays différent, avec ses traditions et sa culture, un pays qu'elle ne connaissait pas du tout.
–Nous avons choisi la formule qui convenait le mieux à notre fille, c'est à dire le séjour en famille le soir et aux week-ends pour améliorer sa compréhension orale et pour pratiquer la langue; elle a assisté aussi à des cours dans un collège tous les matins.
–Selon ma fille, elle avait l'impression que les cours l'ont aidée à maîtriser la syntaxe de la langue et aussi les conjugaisons. Elle sait maintenant utiliser les verbes irréguliers plus facilement et plus rapidement qu'avant.
–Oui, un peu au début. Mais elle est partie en France avec de bonnes intentions et elle a fait un effort considérable pour profiter/bénéficier au maximum de son séjour à l'étranger. Elle a beaucoup regardé la télé, elle est allée au cinéma et a participé à tous ses sports favoris comme le tennis, l'équitation et la bicyclette.
–Oui très bien mais, bien sûr, elle était contente de rentrer. Elle a l'intention de retourner à nouveau en France dès que possible/aussitôt que possible.

Lesson 5

Practice 22: 1 Vrai. **2** Faux. L'année est heureusement ponctuée de vacances tant attendues. **3** Faux. Ils/elles passent plus de temps au bureau, car leurs soirées sont parfois écourtées par une réunion professionnelle ou par quelques courses à faire. **4** Faux. L'horaire flottant permet à chacun d'arriver et de partir à l'heure qui lui convient, mais il faut respecter une certaine fourchette. **5** Faux. Les collègues sont généralement sympa, les relations sont bonnes mais, bien sûr, certains chefs de service sont impossibles/imbuvables. **6** Vrai. **7** Vrai. **8** Faux. Les toasts sont généralement mous et les boissons tièdes et après avoir fait semblant d'être ému, on se précipite vers la sortie.

Practice 23: 1 vous remercier du jour de congé supplémentaire. **2** Il s'intéresse particulièrement aux possibilités. **3** dépendra des efforts et de la motivation. **4** approuvent la nouvelle idée. **5** attend l'introduction. **6** Je pense toujours au risque.

Practice 24: 1 marée noire. 2 L'Europe verte. 3 la liste rouge. 4 rit jaune. 5 une peur bleue. 6 passé une nuit blanche.

Practice 25: 1C; 2E; 3A; 4B; 5D.

Practice 26: Tous les jours, c'est la même routine; Tôt le matin; Ils passent la plus grande partie de la journée; Le soir ils retournent/rentrent chez eux; A huit heures du matin; A une heure de l'après-midi; A sept heures du soir; 8 à 9 heures de travail par jour; il s'installe pour la soirée; Un de ces jours; 60 ans; dans quelques années.

Practice 27: –Ne quittez pas, s'il vous plaît . . . Allô, la ligne est occupée en ce moment. Voulez-vous rester en ligne ou préférez-vous rappeler plus tard?
–Excusez-moi, je vous entends mal, la ligne est très mauvaise. Voulez-vous bien épeler votre nom?
–Un petit instant, s'il vous plaît . . . Allô, malheureusement Madame Nicholson n'est pas dans son bureau. Je vais essayer un autre numéro . . . Allô, Madame Nicholson est en réunion en ce moment. Voulez-vous laisser un message?
–Apparemment, Madame Nicholson est en déplacement pour toute la journée. Est-ce que je peux faire quelque chose pour vous?
–D'habitude entre 9 et 10 heures du matin.
–Un moment, s'il vous plaît . . . Allô, oui, Madame Nicholson est là, mais elle sera occupée toute la journée à interviewer les candidats pour le poste vacant d'ingénieur-informaticien.

Lesson 6

Practice 28: 1 Parce que, à partir du 1er janvier, les frontières seront balayées/n'existeront plus pour les voyageurs, les marchandises, l'argent et les services. L'Europe s'offrira un marché de 340 millions de consommateurs. 2 Parce que, depuis le 1er juillet 1990, tout citoyen français peut placer son argent, prendre un crédit et acheter des SICAV dans un pays de la CEE en le déclarant au fisc. 3 Parce que n'importe quelle banque étrangère pourra s'installer en France et y proposer ses services. 4 Non, c'est le traité de Maastricht qui prévoit sa création en 1997 au plus tôt et en 1999 au plus tard, si les Douze arrivent à se mettre d'accord. 5 Dans le premier cas ce sont les règlements du pays de l'acheteur qui s'appliquent, dans le second cas ce sont ceux du pays où le contrat est souscrit. 6 Parce qu'il n'y a pas encore d'entente sur la politique d'immigration. 7 On ne pourra emporter que 40 paquets de cigarettes, 90 litres de vin, 110 litres de bière et 10 de spiritueux pour son usage personnel. 8 Les inactifs et les étudiants peuvent dorénavant s'installer ou étudier là où ils veulent. Il y a maintenant reconnaissance des diplômes à l'intérieur de la Communauté. 9 A partir de 1996 les permis de conduire seront reconnus dans tous les pays européens. **10** Parce qu'ils seront toujours mis en quarantaine pendant six mois dès leur arrivée en Grande-Bretagne.

Practice 29: 1 Dès le premier janvier/à partir du premier janvier. **2** Depuis juillet dernier. **3** Dans quelques jours. **4** au plus tôt le 1er janvier 1997 et au plus tard en 1999. **5** D'ici là . . . au bout d'un an. **6** dans les années qui viennent.

Practice 30: 1 Tout le temps qu'on ne parviendra pas à . . ., on ne réussira pas à . . . **2** Aussitôt que tous les véhicules neufs auront été construits . . . diminuera. **3** Tant que les pays européens ne s'entendront pas . . ., ils courront . . . **4** Après qu'on aura supprimé . . ., on ne prévoira plus de visites . . . **5** Lorsque la devise européenne sera créée, . . . devront être . . .

Practice 31: Allemagne, Berlin, Allemands, le mark, 12; Belgique, Bruxelles, Belges, le franc belge, 3; Danemark, Copenhague, Danois, la couronne danoise, 9; Espagne, Madrid, Espagnols, la peseta, 8; France, Paris, Français, le franc, 5; Grèce, Athènes, Grecs, la drachme, 1; Italie, Rome, Italiens, la lire, 6; Irlande, Dublin, Irlandais, la livre irlandaise, 11; Luxembourg, Luxembourg, Luxembourgeois, le franc luxembourgeois, 7; Portugal, Lisbonne, Portugais, l'escudo, 4; Pays-Bas, Amsterdam, Néerlandais, le gulden/florin, 10; Royaume-Uni, Londres, Britanniques, la livre sterling, 2.

Practice 31a: Vienne, Helsinki, Stockholm.

Practice 32: 1 Not completely. Member countries have worked very hard to reach some form of harmonization, but there still remain many issues to be resolved. **2** Consumers will pay the rate of VAT applicable in the country where the goods are purchased. Separate legislation exists, however, for brand-new vehicles. **3** France recently has done away with its top rate of 33% on luxury goods and now has an average VAT rate of 18,6%. **4** a) European Currency Unit. b) if it is finally adopted, in 1999. **5** No. The language barrier is not an insurmountable obstacle for the retired or the young. But for those looking for employment it is preferable to have a good knowledge of the language of the country they wish to work in. Of course, certain posts will remain inacccessible (e.g. top positions in the civil service). **6** The legislation of the country you are working in applies. **7** Yes, the British will probably continue to drive on the left as any change would be too expensive. In addition, they like to be different, they refuse to change over to European time and they are adamant about retaining their period of quarantine for animals entering the UK.

Practice 33

Lesson 7

Practice 34: 1 Comment le futur président va-t-il modifier la politique commerciale d'Euro Disney? 2 A quelle date le Français succédera-t-il à l'Américain? 3 Dans quelle mesure l'encadrement a-t-il été touché par les changements? 4 Quel rôle l'ancien président continuera-t-il de jouer? 5 Quel est le bilan d'Euro Disney, six mois après l'ouverture? 6 Pourquoi peut-on dire qu'Euro Disney n'a pas remporté le succès espéré? 7 Le nouveau PDG est-il un personnage tout nouveau au sein d'Euro Disney?

Practice 35: 1 Il est nécessaire de. 2 Il est évident que. 3 il sera exactement 12 heures. 4 ce sont les idées du nouveau PDG. 5 Ce ne devrait pas être difficile à faire.

Practice 36: a) Plus Euro Disney investira, plus la Société accroîtra ses profits. b) Plus les conditions de travail s'amélioreront, meilleur sera le rendement. c) Moins les files d'attente seront longues, plus les enfants pourront profiter de leur visite. d) Plus la publicité pour les produits Disney sera originale, mieux ces produits se vendront.

Practice 37: 1 Peut-être les 7 autres millions étaient-ils . . . 2 Sans doute l'effort . . . sera-t-il bien accueilli. 3 A peine avais-je rempli . . . 4 Sans doute vous êtes-vous aperçu que . . .

Practice 38: 1 Le Petit Chaperon rouge. 2 Pinocchio. 3 Blanche-Neige et les sept nains. 4 Cendrillon. 5 La Belle au bois dormant.

Practice 39: 1F; 2E; 3B; 4D; 5C; 6G; 7A.
Just a reminder – The English names of the seven dwarfs are: Dopey, Sneezy, Grumpy, Sleepy, Doc, Happy and Bashful.

Practice 40

Lesson 8

Practice 41: 1 Celui des années 80 est comparé à une cigale frivole qui aime le luxe; celui des années 90 est comparé à une fourmi (économe et travailleuse). 2 Ils économisent/font des économies sur tout: ils utilisent les restes, éteignent la lumière en leur absence, font leurs courses dans les hard-discounters, préfèrent acheter les marques distributeur, choisissent les voitures au diesel et l'essence sans plomb qui est moins chère/coûteuse. 3 Une mère de famille achètera des chaussures de sport de marque pour ses enfants mais, par contre, elle se contentera de produits alimentaires très bon marché. 4 1991– 273F Deux cent soixante-treize francs; 1992– 258F Deux cent cinquante-huit francs. 5 La vente des vins fins augmente par rapport aux vins ordinaires, les dégustations et les foires aux bons vins remportent un grand succès. On n'hésite pas à se payer une bonne bouteille le dimanche grâce aux économies faites sur les produits de base. 6 Les vacances sont parfois raccourcies, mais la sortie du dimanche à la campagne est toujours en vogue, comme le montre l'augmentation des dépenses pour l'essence. 7 Dépenses obligatoires: les enfants, les vêtements, le logement, l'électro-ménager, l'alimentation, les soins médicaux. Dépenses facultatives: la voiture, les soins de beauté, le tabac et les boissons. 8 Il conclut que les marchandises de qualité, durables, originales marchent/se vendent bien, comme c'est le cas dans le commerce du disque qui a progressé de 20% cette année par rapport à l'année précédente.

Practice 42: 1 faites. 2 éteints. 3 crue; vue. 4 offerts. 5 taxés.

Practice 43: 1 un coup de main. 2 aux coups de cœur. 3 un coup de chance/de pot. 4 un coup de cafard. 5 le coup d'envoi.

Practice 44: 1 a) The Campanile restaurants b) the varied choice of foods: mixed salads, cold fish, cold meats, cheeses and the delicious desserts. c) the warm welcome, the prices and the delights of traditional cuisine. 2 a) les Galeries Lafayettes, a large department store. b) It's the last day to obtain 15% reduction on many items such as fashion, furniture and household goods, beauty products, soft furnishings and ornaments c) Haussmann and Montparnasse. 3 a) A health magazine called Top Santé. b) The magazine tells you: how to remain young after 40, how a pet can help you get better, all you need to know about medical checkups and how to make the most of them. c) He'll explain why your child is always tired. 4 a) Le petit Futé France, a 900-page guide listing the well-known and not so well-known parts of France. b) The guide offers itineraries and superb short trips all over France, a list of charming country inns and gîtes, picturesque places and hidden beauty spots. c) RTL (Radio-Télé-Luxembourg).

Practice 45: 1 extrêmement démunie, sans provisions. 2 Quand le vent froid du nord commença à souffler. 3 se plaindre de ne rien avoir à manger. 4 Je vous jure sur ma tête que je les rendrai avant l'été. 5 je chantais à longueur de temps à tous ceux qui passaient.

Lesson 9

Practice 46: 1 Faux. Caen est extrêmement bien reliée à Paris par le turbotrain; elle est desservie par un aéroport et bénéficie d'une ouverture sur la Manche par le canal de Caen. 2 Faux. Caen est parfois appelée 'la ville aux cent clochers'. 3 Vrai. 4 Vrai. 5 Faux. Elle a servi de lycée et aujourd'hui elle est utilisée comme Hôtel de Ville. 6 Vrai. 7 Faux. En 1450. 8 Vrai. 9 Vrai. 10 Faux. La ville est connue pour la recette des tripes à la mode de Caen.

Practice 47: vous fassiez; vous vous astreigniez; vous sachiez; vous sortiez; vous ne puissiez pas; vous soyez; vous ayez; on ne revienne.

Practice 48: a)   bon   bain   banc; b) mon main ment;
               2   1   3   3   2   1
c) ton   teint   temps; d) jus joue; e) rue roue; f) tu toux;
   1   3   2   1   2   2   1   2   1
g) son   sain   sang; h) pu   pouls.
   2   3   1   1   2

Practice 49: —Oui, nous (nous) sommes perdus comme d'habitude. Nous venons de débarquer du ferry à Ouistreham, près de Caen. A vrai dire, nous faisons du cyclotourisme.
—Eh bien, il y a bien sûr nos liens historiques et en dépit de/malgré nos quelques petits différends, la France reste notre voisine la plus proche, surtout pour un cycliste/quand on est à bicyclette.
—Oui, nous étions dans la région de Caen l'année dernière. Nous avons visité les deux Abbayes, le Musée des Beaux Arts et les plages normandes où le débarquement a eu lieu il y a cinquante ans.
—Oui, nous voulons aller voir la Tapisserie de la Reine Mathilde à Bayeux qui représente/dépeint la conquête normande. Tout le monde est d'accord pour dire que c'est un chef-d'œuvre. On y passera la nuit et on se paiera sans doute un bon repas dans un restaurant.
—La première étape sera à Coutances. Nous espérons arriver à temps pour assister à un concert dans la cathédrale et pour nous promener dans le jardin public illuminé.
—Oui, excellente idée. Plus tard nous descendrons sur Granville par la côte où nous avons rendez-vous avec/nous allons rencontrer des amis qui arrivent de Jersey.
—Probablement le Mont Saint-Michel, si le vent souffle dans la bonne direction! Nous espérons voir l'Abbaye encerclée par la mer, mais si j'ai bien compris, cela n'arrive que les jours de grande marée.

Practice 50: The ingredients: 1kg tripe, 2 calf's feet, 100g bacon rind, a little bone marrow, 4 carrots, onions pierced with cloves, thyme, bay leaf, parsley, tarragon, garlic, peppercorns, the white part of a leek, 1 litre of extra dry cider, 2 liqueur glasses of calvados. Translation: 1) pour over 2 liqueur glasses of calvados; 2) a cast-iron casserole; 3) place on the hob and bring to the boil; 4) seal the edges of the lid with a paste . . .

Lesson 10

Practice 51: 1 . . . régresser l'égoïsme; combattre l'injustice; les favorisés et les défavorisés; équitable. 2 . . . eu l'intention de/considéré la possibilité de; mettre un terme à/en finir avec; scandales; manœuvres douteuses; le manque de débouchés (prospects); introduire des idées nouvelles. 3 rejeté;

une grande partie/bon nombre; se sont fiés à nous; prendre soin de; en améliorant les moyens de communication; en y développant. **4** . . . paraissait utopique; ont justifié notre politique; de s'attaquer aux; un nouvel espoir; à même d'apporter une solution; donnez-nous la chance de siéger à l'Assemblée nationale.

Practice 52: 1 fasse; combatte; construise. **2** puisse; boive. **3** aient. **4** aille; soit. **5** veuille; obtienne. **6** deveniez.

Practice 53: 1 son mémoire. **2** le mode d'emploi. **3** au poste de police? **4** C'est la tour Eiffel, la tour de Londres et la tour penchée de Pise. **5** fait la manche. **6** à la mode. **7** s'est débrouillé comme un manche. **8** ont la mémoire courte. **9** cachet de la poste faisant foi.

Practice 54: –Eh bien, j'ai vingt ans et je peux te dire que, lorsque j'avais dix-huit ans, ce n'était pas aussi formidable que ça.
–Je suis peut-être majeur, mais je ne suis certainement pas libre de faire ce que je veux. A vrai dire, sans argent on n'est pas libre. Et quant à mon droit de vote, je n'ai pas encore eu l'occasion de déposer un seul bulletin de vote dans l'urne. Même pas pour le traité de Maastricht!
–Dimanche? Donc, en France le jour des élections tombe un dimanche? Mais est-ce que ça n'a pas un effet négatif sur le taux de participation?
–Qu'est-ce que tu veux dire par le 'deuxième tour de scrutin'? Est-ce que les Français votent deux fois? Deux dimanches différents?
–Peux-tu brièvement m'expliquer comment fonctionnent les élections présidentielles?
–Et ensuite?
–A ton avis, quand est-ce que tu pourras voter pour la première fois?
–Et qu'est-ce que tu dois faire exactement pour pouvoir faire partie de l'électorat français?
–Bien sûr, je ne vais pas te demander quel parti politique tu soutiens, car ce serait quelque peu indiscret, mais est-ce que je peux te demander si tu suis la politique française de près?

Practice 55: <u>LES SOCIALISTES</u>: Les Socialistes ont subi une défaite écrasante aux élections et ont perdu un grand nombre de leurs sièges à l'Assemblée nationale. Cet échec a été comparé à la défaite de Napoléon lors de sa retraite de Russie en 1812. <u>LES COMMUNISTES</u>: Le deuxième tour de scrutin montre que les Communistes continuent à perdre le soutien de leur électorat. Ils n'ont obtenu que 23 sièges à la place des 27 qu'ils avaient précédemment. <u>LES ECOLOGISTES</u>: Bien qu'on ait prédit un énorme succès électoral pour les Ecologistes, ces espoirs ne se sont pas réalisés. <u>LA DROITE</u>: Les seuls gagnants sont les deux grands partis de la droite: le RPR et l'UDF, qui ont réussi à totaliser 54% des voix au deuxième tour. Ils occupent ainsi 460 sièges à l'Assemblée nationale. Une fois de plus, les Français ont choisi la cohabitation.

Key to Self-assessment Tests

TEST 1

A 1 Nous nous intéressons aux sports d'équipe depuis trois ans. 2 Le golf est devenu très populaire depuis l'année dernière/l'an dernier. 3 Puisque je suis contre le franglais, il va sans dire que je préfère/j'aime mieux le mot 'épinglette'.

B 1 habituellement; 2 fièrement; 3 récemment; 4 agréablement.

C 1b; 2c.

D 1 un emploi, un travail intéressant; 2 une réunion importante; 3 Mon passe-temps préféré; 4 C'est un nouveau gérant.

E 1 Elle s'est présentée à l'examen. 2 Il s'est levé à 7 heures. 3 Elle s'est préparé un repas délicieux. 4 Nous nous sommes évités. 5 Elle s'est brûlé la jambe. 6 Le champagne se vend bien à Noël.

F 1 Deux cents livres; 2 Trois cent vingt francs; 3 Trois millions de centimes; 4 Soixante et onze jours; 5 Quatre-vingt-cinq drapeaux.

G 1 sont venus; 2 je suis allée; 3 sont devenus; 4 je n'ai jamais sorti; 5 Elle est sortie.

H 1 Bon anniversaire; 2 Bon appétit; 3 Bonne route; 4 Amusez-vous bien.

I 1 trente-six; 2 quatre; 3 trente et un; 4 quart; 5 deux.

J 2; 4; 9.

K 1 Mieux vaut tard que jamais. 2 Quand les poules auront des dents. 3 Le malheur des uns fait le bonheur des autres.

L 1 avions; offririons 2 pouviez; gagneriez 3 lisait; ferait 4 auriez dû.

M 1 inutile; 2 malheureux; 3 irrégulier; 4 anormal; 5 mécontent.

N 1 des; 2 du; 3 à; 4 aux 5 –.

O 1 être sur la liste rouge 2 passer une nuit blanche 3 rire jaune 4 une marée noire

P Un petit instant, s'il vous plaît . . . Allô, la ligne est occupée. Voulez-vous rester en ligne?
Je suis désolée, elle est occupée sur l'autre ligne. Je vais lui demander de vous rappeler.
Je suis désolée, mais vous vous êtes trompé de numéro.
Malheureusement, le bureau est fermé. Voulez-vous bien laisser votre message et votre numéro de téléphone et nous vous rappellerons aussitôt que possible.

Score:
80%–100%: Excellent. Congratulations!
60%–79%: Good/Very good. Progressing well.
45%–59%: Satisfactory. You need, nevertheless, to devote more time
to your studies.
Below 44%: Serious revision needed.

TEST 2

A 1 Depuis le 1er juillet tout citoyen français peut acheter des SICAV en Angleterre. 2 Dans quelques mois vous pourrez souscrire une assurance automobile où bon vous semblera. 3 Je pourrai m'installer en France au plus tôt en juin. 4 Dans les années qui viennent les Britanniques pourront utiliser leur permis de conduire dans n'importe quel pays de la Communauté.

B 1 Tout le temps que/Tant que les véhicules neufs n'auront pas de pots catalytiques, la pollution augmentera. 2 Dès que/Aussitôt qu'on pourra s'entendre sur la politique d'immigration, le contrôle des passeports dans la Communauté disparaîtra. 3 Après qu'on aura signé le contrat, il faudra en profiter pour exporter nos marchandises.

C 1 Je n'y suis pour rien! 2 Ca y est, je suis arrivé à souscrire une assurance. 3 Il s'y connaît en voitures. 4 Venez/viens pour le week-end du 2 août. Je n'y manquerai pas.

D 1 un tigre; 2 un éléphant; 3 un chat; 4 chevaux; 5 du loup; 6 de chien.

E 1 Il est certain que le prix d'entrée à Euro Disney va changer. 2 Cette idée d'offrir des tarifs préférentiels à la clientèle de l'hôtel, c'était la vôtre/tienne? 3 Il est 23 heures, le Parc d'attractions va fermer dans quelques minutes.

F 1 Plus on fera de publicité pour le nouveau look d'Euro Disney, plus on réussira à séduire la clientèle. 2 Plus les conditions de travail s'amélioreront, meilleur sera le personnel. 3 Moins l'image américaine sera évidente, plus le nombre de Français qui iront à Euro Disney augmentera.

G 1 C'est un homme pauvre. 2 L'ancien président d'Euro Disney était Américain. 3 Ce ne sont pas les mêmes attractions qu'en Floride. 4 Il y a un camping-caravaning, un golf de 18 trous, un centre de loisirs, ça, c'est une chose certaine.

H 1 Blanche-Neige et les sept nains; 2 Cendrillon; 3 La Belle au bois dormant.

I 1 Atchoum; 2 Grincheux; 3 Simplet; 4 Joyeux.

J 1 faites; 2 lue; 3 offerts; 4 choisies, achetées.

K 1 Jeter un coup d'œil. 2 Prendre/attraper un coup de soleil. 3 Boire un coup. 4 Avoir un coup de chance.

L 1 Je suis sur la paille. 2 J'ai du mal à joindre les deux bouts. 3 Je suis radin. 4 Je roule sur l'or.

M 1 fassiez; 2 ait été; 3 comprenne; 4 puissent.

N 1 environ; 2 sur; 3 De combien; 4 pendant une heure; 5 de.

O 1 C'est le seul parti qui soit résolu à faire reculer l'égoïsme, la haine et l'ignorance. 2 Il n'y a pas un seul homme politique qui sache résoudre le problème du chômage. 3 Quels que soient les résultats de ces élections, la récession continuera encore quelques années.

P Oui, nous faisons du cyclotourisme et nous sommes perdus.

Nous cherchons la direction de Bayeux.

Oui, c'est apparemment un superbe chef-d'œuvre qui dépeint la conquête normande. Nous avons aussi l'intention de flâner dans les rues pittoresques autour de la cathédrale, car nous nous intéressons tous les deux aux immeubles anciens.

Nous aimerions bien aller jusqu'au Mont Saint-Michel et en profiter pour goûter à quelques-unes des spécialités de la région. A propos, pouvez-vous nous dire pourquoi il y a tant/tellement de monde dans les rues aujourd'hui?

Ah bon, vous votez donc le dimanche en France? Mais est-ce que ça n'a pas un effet négatif sur le taux de participation, surtout s'il fait beau comme aujourd'hui?

Est-ce que vous allez voter aujourd'hui?

J'espère que vous ne serez pas déçu par le résultat des élections. Merci de votre aide. Il se fait tard et il faut qu'on se remette en route. Au revoir et merci.

Score:

80%–100%:	Excellent. Congratulations!
60%–79%:	Good/Very good. You have done well!
45%–59%:	Satisfactory. You need, nevertheless, to devote more time to your studies.
Below 44%:	Serious revision needed.

Mini-Dictionary

A

abaisser to lower
aborder to tackle; arrive at
   aborder les difficultés to tackle
     the difficulties
accroître (*irr*) to increase
accueillir (*irr*) to welcome
actuellement at present
agneau (*m*) lamb
alcootest (*m*) breathalyser test
allocation (*f*) **de chômage**
     unemployment benefit
amande (*f*) almond
amateur (*m*) enthusiast
améliorer to improve
s'amuser to enjoy o.s.
ancien (**-ienne,** *f*) former; old
   a. combattant ex-serviceman
s'apercevoir (*irr*) to realize
appellation (*f*) name
arborer to wear, display
à l'arrière at the back
arroser to wash down; to water
aspirateur (*m*) vacuum cleaner
assister à to attend
atout (*m*) asset
atteindre (*irr*) to reach
attirer to attract
avaler to swallow
avis (*m*) opinion
   à mon avis in my opinion

B

bain (*m*) bath
   bain de foule walkabout
   bain linguistique immersion
     course
baladeur (*m*) walkman

baptème (*m*) christening
   b. de l'air first flight
barrage (*m*) barrier
beignet (*m*) fritter
besoin (*m*) need
   avoir besoin de to need
bordure (*f*) edge
   en. b. de mer by the sea
bouchon (*m*) cork; traffic jam
boudin blanc white pudding
bricolage (*m*) D.I.Y.
bûche (*f*) **de Noël** Yule log

C

cadre (*m*) manager; frame
caméscope (*m*) camcorder
candidature (*f*) application
carême (*m*) fasting
Carême Lent
ceinture (*f*) belt
   se serrer la c. to tighten one's
     belt
chaîne (*f*) chain
   travailler à la c. to work on the
     production line
   c. de télévision TV channel
chaleureux (**-euse,** *f*) warm
chantier (*m*) building site
   c. naval shipyard
cheminot (*m*) **d'affaires** turnover
chômeur (*m*) unemployed person
cimetière (*m*) cemetery
circonscription (*f*) constituency
climatisation (*f*) air conditioning
cloche (*f*) bell
clocher (*m*) church tower
collectionner to collect
commander to order
commerçant (**-e,** *f*) shopkeeper

comportement (*m*) behaviour
concurrent (**-e,** *f*) competitor
consacrer to devote
conscient aware
conseil d'administration board of
    directors
convaincre (*irr*) to convince
convoquer to call
cote (*f*) popularity
côte (*f*) coast
coup (*m*) blow
    tout à coup suddenly
coupable guilty
courir (*irr*) to run
coutume (*f*) custom
crêpe (*f*) pancake
crise (*f*) crisis
    c. cardiaque heart attack
    c. de foie bilious attack

D

davantage more
se débarrasser de to get rid of
débordé overworked
décennie (*f*) decade
décevoir (*irr*) to disappoint
dédommager to compensate
défilé (*m*) procession
deltaplane (*m*) hang gliding
dépasser to exceed
dépeindre (*irr*) to depict
déposer to lay
    d. qn à la gare to drop s.o. at the
      station
dépouiller to go through (mail)
dernièrement lately
se dérouler to take place
désaccord (*m*) disagreement
se désister to stand down
désormais from now on
détruire (*irr*) to destroy
devise (*f*) motto; currency
diffuser to broadcast
dinde (*f*) turkey
direct
    en d. live

direction (*f*) management;
    direction
disparu (**-e,** *f*) deceased
donner lieu à to give rise to
drapeau (*m*) flag
droit (*m*) right
    avoir d. à to be entitled to
durer to last

E

s'écraser to crash
égard
    à cet égard in this connection
égarer to mislay
élire (*irr*) to elect
embouteillage (*m*) traffic jam
émission (*f*) broadcast
emporter to take away
s'empresser de to hasten to
emprunter to borrow
encombré congested
endiguer to curb
enquête (*f*) survey
entreprise (*f*) firm
entrer en vigueur to come into
    effect
entretien (*m*) interview;
    maintenance
entrevue (*f*) interview
s'épanouir to develop one's
    potential
épingle (*f*) pin
époque (*f*) time, era
essence (*f*) **sans plomb** unleaded
    petrol
estimer to consider
étaler les vacances to stagger the
    holidays
étrennes (*f. pl*) New Year's gift
événement (*m*) event

F

faire face à to cope with
    f. la grasse matinée to have a lie
      in

f. maigre to abstain from meat
f. le pont to take an extra day's
   holiday
fête (*f*) **foraine** funfair
feu (*m*) **d'artifice** fireworks
fève (*f*) charm; broad bean
fiançailles (*f. pl*) engagement
fierté (*f*) pride
flâner to stroll
formation (*f*) training
foyer (*m*) home
franchir to cross

G

galette (*f*) round, flat cake
garni de filled with
gibier (*m*) game
gratuitement free of charge

H

heure (*f*) **H** zero hour
   heures d'affluence rush hour
horaire (*m*) **flottant** flexi-time
hors taxe duty free
huître (*f*) oyster

I

immeuble (*m*) apartment block
impôt (*m*) tax
inonder to flood
à l'intérieur inside

J

jaser to gossip, to chat away
jour férié bank holiday
   j. J D-day
   j. ouvrable working day
jumeler to twin
   villes jumelées twinned towns

L

laisser tomber to drop
lave-vaisselle (*m*) dishwasher
librairie (*f*) bookshop
lien (*m*) link

lieu (*m*) place
   avoir l. to take place
ligne (*f*) figure
lors de during
louange (*f*) praise
lutter to fight

M

magnétoscope (*m*) video recorder
malgré despite
marché (*m*) market
   par-dessus le m. into the bargain
Mardi gras Pancake Tuesday
marié married
   les jeunes mariés the
     newlyweds
marron (*m*) chestnut
maussade dull
se méfier de to mistrust
mélange (*m*) mixture
ménage (*m*) household
mendicité (*f*) begging
se mettre sur son trente et un to
   get all dressed up to the nines
micro-ondes (*m*) microwave oven
micro-ordinateur (*m*)
   microcomputer
moyen (*m*) means, way
   avoir les moyens to be able to
     afford

N

naissance (*f*) birth
naître (*irr*) to be born
niveau (*m*) level

O

occasion (*f*) opportunity
   saisir l'o. to seize the o.
   profiter de l'o. pour to take the
     o. to
œuvre (*f*) work(s)
   chef-d'œuvre masterpiece
office (*m*) **du tourisme** tourist office
office religieux religious service
ouvrier (**-ière**, *f*) workman

P

Pâques Easter
  Joyeuses Pâques Happy Easter
  œuf de Pâques Easter egg
parfois at times
part (*f*) share
partager to share
permis (*m*) pass
  p. de conduire driving licence
phare (*m*) headlight
planche (*f*) **à voile** windsurfing
en plein air in the open air
plupart (*f*) most
pont (*m*) bridge
  faire le p. to take an extra day's
    holiday
porte-clefs (*m*) key ring
à la portée de within reach of
pouvoir (*m*) **d'achat** purchasing
  power
prime (*f*) bonus
  p. de rendement productivity b.
priver de to deprive of
en promotion on special offer

R

rapport (*m*) relationship; report
  par r. à compared with
rassembler to gather
à la recherche de in search of
se régaler to have a delicious meal
se remettre (*irr*) to recover
se rendre to go
rentable profitable
répartir to divide up
restauration (*f*) **rapide** fast food
retraite (*f*) retirement
réussir to succeed
en revanche on the other hand
les Rois Mages the Three Wise
  Men
roue (*f*) wheel
rouler to drive

S

Saint-Sylvestre (*f*) New Year's
  Eve
santé (*f*) health
  bilan (*m*) **de s.** medical checkup
saveur (*f*) taste
services (*m*) **fiscaux** tax authorities
siècle (*m*) century
SMIC (*m*) minimum wage
soigner to take care of
souffler dans un ballon to blow into
  a bag
souscrire (*irr*) **une assurance** to
  take out an insurance
speaker (**-ine**, *f*) announcer (TV/
  radio)
spirituel (**-elle**, *f*) witty
stage (*m*) training period
supprimer to remove

T

tabac (*m*) tobacco
  faire un t. to be a great success
taux (*m*) rate
  t. de participation électorale
    turnout at the polls
télécopie (*f*) fax
tentative (*f*) attempt
tenter to try
tiède lukewarm
tirer to draw, pull
  t. les Rois to eat Twelfth Night
    cake
  t. au sort to draw lots
tiroir (*m*) drawer
tombe (*f*) grave
tomber to fall
  t. sur to come across
traitement (*m*) **de texte** word
  processor
truite (*f*) trout

U

urne (*f*) ballot box
usine (*f*) factory

V

vanter to praise
veille (*f*) eve
veiller à to ensure
vélo tout-terrain mountain bike
Vendredi saint Good Friday
vente (*f*) **aux enchères** auction
en vigueur in force

vœu (*m*) wish
   carte de bons vœux greetings
    card
voir (*irr*) to see
voire and even
volaille (*f*) poultry
volant (*m*) steering wheel
vraisemblablement probably, very
    likely

Index

The figures refer to sections, not pages